SPRACH-KURS GRÜNER DAUMEN

BÄRBEL OFTRING

GARTEN-PRAXIS FÜR ALLE,
DIE IHRE PFLANZEN BESSER
VERSTEHEN WOLLEN

KOSMOS

INHALT

4 Sprachkurs Pflanzen

6 Smalltalk – die richtige Aussprache

9 Die uns fremde Welt der Pflanzen
12 Was und wie nehmen Pflanzen wahr?

18 Planung: Hier leben Pflanzen

21 Ein Blick in den eigenen Garten
22 Schau mich an ...
28 Pflanzen brauchen Halt
30 Was Wildpflanzen über den Gartenboden verraten

32 Basics – die ersten „Worte"

35 Erste Begegnungen
40 Vom richtigen Abstand

Der Weg zum grünen Daumen

42	Pflanzenleben ohne Stress
44	Blumensprache: Pflanzen locken mit ihren Blüten

46 Gut versorgt
- 49 Die Grundlebensmittel
- 50 Lebensquelle Wasser
- 52 Licht und Luft
- 54 Mineralstoffe zum Leben
- 58 Gesunder Boden
- 60 Schneiden ohne Schere?

64 Auf du & du mit Pflanzen
- 67 Gute Nachbarschaft
- 72 Glückliche Ernten dank Mischkultur & Fruchtfolge
- 78 Hallo! Pflanze an Pilz!

82 Notfälle & Missgeschicke
- 84 Gestresste Pflanzen stärken
- 86 Pflanzen zeigen, was ihnen fehlt
- 88 Schädlinge & Krankheiten

94 Im Garten „shoppen"
- 96 Süße Früchte
- 98 Gemüse & Kräuter: vom richtigen Zeitpunkt
- 102 Blüten für die Vase

- 104 Gärtnersprache von A bis Z
- 106 Service

Sprachkurs Pflanzen

Menschen mit einem „grünen Daumen" haben ein gutes Händchen für Pflanzen: Bei ihnen entwickeln sie sich oft viel prächtiger und schöner als bei Menschen ohne einen solchen Daumen. Menschen, die ihn besitzen, sind meist gute Beobachter, die einen guten Kontakt zu ihren Pflanzen haben – sie nehmen beispielsweise beim Gießen wie von selbst wahr, welche Pflanze viel Wasser und welche wenig benötigt und handeln entsprechend. Oder sie geben darbenden Pflanzen einen neuen Standort, der ihrem Wesen mehr entspricht.

Menschen mit einem grünen Daumen verstehen einfach die Sprache der Pflanzen. Und die kannst du lernen, so wie Englisch, Französisch oder Spanisch, um die Menschen in diesen Ländern besser zu verstehen – mit diesem Sprachkurs.

Dazu machen auch wir eine Reise und die führt uns vor die Haustür in den Garten. Wir reisen nicht weit, aber in eine uns ziemlich unbekannte Welt – die Welt der Pflanzen. Pflanzen sind Lebewesen wie Pilze, Tiere und der Mensch, irdische Geschöpfe, mit denen wir in einer großen Lebensgemeinschaft auf der Erde zusammenleben. Und das Zusammenleben funktioniert stets am besten, wenn die Bedürfnisse und Belange aller berücksichtigt werden. Dazu gehört Achtsamkeit im Umgang miteinander und Respekt voreinander – ja und Kenntnisse in der Sprache des Anderen, um ihn zu verstehen.

Auch Pflanzen haben eine Sprache. Da sie bislang bloß als Grünzeug angesehen wurden, deren Nutzen im Vordergrund stand, beginnen wir erst jetzt, ihre Sprache kennenzulernen. Denn auch Pflanzen kommunizieren mit allem, was lebt – miteinander, mit den Mikroorganismen im Boden, mit den Tieren und mit den Pilzen bilden sie sogar ein vernetztes Kommunikationsgeflecht im Boden, das als „Wurzel Wide Web" (www) sehr den komplexen Netzwerken in Internet und Gehirn ähnelt. Da sich die Kommunikationsmittel der Pflanzen aber ziemlich von unseren unterscheiden, bedarf es eines kleinen Lernprogramms zu diesen, uns fremden Wesen, um ihre Sprache zu verstehen, wenigstens ein paar Brocken. Und je länger man unter ihnen verweilt, umso vertrauter wird einem die zunächst unbekannte Sprache und mit ihr die Pflanzen an sich. In diesem Buch möchte ich dich ein bisschen vertraut machen mit der Sprache der Pflanzen ...

Bärbel Oftring

SMALLTALK – DIE RICHTIGE AUSSPRACHE

GÄNSEBLÜMCHEN ...

... nehmen sehr genau wahr, ob es Tag ist oder Nacht, ob es regnet oder die Sonne scheint: Bei Dunkelheit und Regenwetter schließen sie ihre Blüten.

GURKEN-BLÜTE

Die uns fremde Welt der Pflanzen

Beim Betrachten einer Pflanze mit ihren Blättern und Trieben, Blüten und Früchten, aber ohne Augen, Nase, Mund und Ohren, entsteht leicht der Eindruck, es handle sich um unempfindsames Grünzeug. Doch diese Einschätzung täuscht gewaltig.

Pflanzen sind lebendige Lebewesen – anders als wir Menschen und auch anders als die Tiere, aber in ihren Lebensäußerungen genauso gut an das Leben mit all seinen Unvorhersehbarkeiten angepasst. Ein Blick auf die Lebensbedürfnisse der Pflanzen verrät, dass sie in ihrer Lebenswirklichkeit so ziemlich dieselben Grundbedürfnisse haben wie Menschen und Tiere.

1. Pflanzen brauchen Wasser: Sie nehmen es über die Wurzeln auf – sie „riechen" es im Boden und wachsen gezielt in seine Richtung.

2. Pflanzen brauchen Nahrung: In den grünen Blättern stellen sie bei der Fotosynthese aus Wasser und Kohlenstoffdioxid Zuckerverbindungen selbst her, die Energie liefert die Sonne. Als Abfallstoff scheiden Pflanzen Sauerstoff aus.

3. Pflanzen brauchen Platz – sowohl oberirdisch als auch unterirdisch. Und diesen behaupten sie gegen Konkurrenten.

4. Pflanzen atmen – nicht nur im Rahmen der Fotosynthese, sondern auch im natürlichen Stoffwechselprozess über die Spaltöffnungen, nachts atmen sie vor allem Kohlenstoffdioxid aus.

5. Pflanzen vermehren sich: Ohne Sex – der Bestäubung der weiblichen Anlagen mit männlichem Pollen, durch Wind, Insekten oder andere Bestäuber – gibt es keine Samen. Mit Samen verbreiten und vermehren sich Pflanzen und entwickeln sich von Generation zu Generation weiter. Unabhängig von Samen breiten sie sich auch mit Ausläufern, Kindeln, Brutknöllchen und ähnlichem aus, wobei komplett zur Ursprungspflanze identische Individuen entstehen.

6. Pflanzen unterscheiden zwischen Freund und Feind und können sich wehren.

7. Pflanzen nehmen natürliche Zyklen und Rhythmen wie Tag und Nacht oder die Jahreszeiten wahr und richten danach „ihr Leben" ein.

Auch Pflanzen haben Probleme, wie plötzliche Kälteeinbrüche oder unterirdische Hindernisse. Damit müssen sie so wie wir Menschen zurechtkommen und sie bewältigen.

Der Aurorafalter, einer der schönsten Schmetterlinge im Frühling, fliegt dann, wenn die Erdbeeren blühen.

WARUM BRAUCHEN PFLANZEN EINE SPRACHE?

Sprache dient der Kommunikation. Dieses Wort stammt vom lateinischen Wort *communicatio* ab, damit ist die Verständigung untereinander und der Austausch miteinander gemeint. Für Menschen als soziale Wesen ist die Kommunikation mit anderen Menschen lebenswichtig – so regeln wir unser Zusammensein, schlichten Konflikte und tauschen verschiedenste Informationen aus. Durch Kommunikation fühlen wir uns unter- und miteinander verbunden und entwickeln Verständnis füreinander – wie wichtig dies für uns Menschen ist, wird besonders deutlich in Situationen, wenn Kommunikation stark eingeschränkt oder gar nicht möglich ist. Und bei Pflanzen?

Gutes Leben durch guten Austausch

Die verschiedenen Bedürfnisse einer Pflanze zeigen deutlich, dass Pflanzen keine Maschinen sind. Denn werden diese nicht erfüllt, geht eine Pflanze genauso ein, wie es ein Tier oder Mensch tun würde. Pflanzen stehen im lebendigen Austausch mit ihrer Umwelt. Zu dieser Umwelt gehören der Boden, die Licht- und Wasserverhältnisse und andere sogenannte abiotische Faktoren. Aber auch die rundherum wachsenden Pflanzen, die Pilze und ihr Myzel (Pilzgeflecht), das im Boden die Pflanzenwurzeln umgibt und vernetzt, und natürlich die verschiedenen Tiere gehören dazu: Sowohl „Feinde", wie etwa blätterfressende Raupen oder pflanzensaftsaugende Läuse, als auch „Freunde", wie etwa bestäubende Bienen und Schmetterlinge oder Gegenspieler der „Feinde".

Alles, was für Pflanzen in ihrer Umgebung relevant ist, nehmen sie genau wahr. Dafür besitzen Pflanzen eine Vielzahl an Sinnen (siehe S. 12). Darüber hinaus sorgt die Kommunikation mit den Mitlebewesen für ein gutes Zusammenleben – auch das lohnt sich für jede Pflanze. Denn durch eine gute Kommunikation mit den bodenbürtigen Mikroorganismen etwa klappt die Versorgung mit Nährstoffen besser, durch eine gute Kommunikation mit bestäubenden Insekten gibt es verlässlich fruchtbare Samen und durch eine gute Kommunikation mit anderen Pflanzen erfahren sie rechtzeitig von attackierenden Schädlingen und können ihre Abwehrmechanismen hochfahren.

Kommunikation auf Botanisch

Tatsächlich empfangen Pflanzen nicht nur Informationen aus der Umgebung über ihre Sinne, sondern senden auch Botschaften aus (siehe S. 14): Sie sind also zugleich Sender und Empfänger und erfüllen damit eine grundlegende Voraussetzung für Kommunikation. Damit diese tatsächlich funktioniert, müssen sowohl der Sender als auch der Empfänger dazu fähig sein, die Information so zu übermitteln und so zu empfangen, dass sie auch verstanden werden. Sender und Empfänger müssen sich über längere Zeiträume kennen, was innerartlich ja kein Problem, zwischen verschiedenen Arten wohl aber eines ist: Gleichartige Pflanzen und Tiere können leichter miteinander kommunizieren als Pflanzen und Tiere verschiedener Arten – und zwischenartlich gelingt es am besten, je länger beide schon zusammenleben. Ein Beispiel: Bienen und Salbeiblüten haben ihre Körper beim Zusammenleben über viele Tausend Generationen derart gut aneinander angepasst, dass die Salbeiblüte ein Pollenpaket exakt dorthin auf den Bienenkörper klebt, wo es beim Besuch der nächsten Salbeiblüte auf deren Narbe trifft.

In lange bestehenden Lebensräumen und Ökosystemen ist so ein „blindes Verstehen" häufig der Fall – im Garten hingegen sieht es meist anders aus: Dort werden Pflanzen aus heimischer Natur, anderen Kontinenten sowie aus Züchterhand bunt gemischt. Zum Glück scheinen Pflanzen die Sprache fremder Pflanzen besser zu verstehen als unsereins die von Menschen anderer Länder – arübergreifend empfangen die pflanzlichen Sinnesorgane wohl auf sehr ähnliche Weise, sodass das gegenseitige Verständnis größer ist.

Je länger Lebewesen miteinander zu tun haben, umso besser sind Sender und Empfänger aufeinander eingestellt. Das gilt auch für dich und deine Gartenpflanzen. Je öfter du unter den Pflanzen bist, umso mehr nimmst du sie wahr und bekommst mit, wie es ihnen geht, was sie brauchen und was nicht.

Was und wie nehmen Pflanzen wahr?

Lange Zeit als pure Vegetation missverstanden, erkennen wir endlich wieder, dass Pflanzen tatsächlich hochsensible Sinne besitzen, mit denen sie ihre Umwelt sehr differenziert wahrnehmen und sich austauschen. Ein Perspektivenwechsel hilft dir auf dem Weg zum grünen Daumen.

Die menschlichen Hauptsinne sind Sehen, Hören, Riechen, Schmecken, Tasten und Fühlen – erstaunlicherweise besitzen Pflanzen diese Sinne ebenfalls. Im Einzelnen:

SEHEN
Tatsächlich sind Pflanzen Meister des Lichtsinns, denn für die Fotosynthese (siehe S. 49) liefert das Sonnenlicht die nötige Energie. Über verschiedene, über den ganzen Pflanzenkörper verteilte Lichtrezeptoren nehmen sie nicht nur sehr genau wahr, wo das Licht herkommt (und wachsen zielgerichtet dorthin), sondern messen auch die Länge von Tag und Nacht. So wissen Pflanzen immer ganz genau, ob es gerade Frühling, Sommer, Herbst oder Winter ist. Pflanzen nehmen auch wahr, dass sie gesehen werden: Weil Bienenaugen kein Rot sehen können, sind für Bienen als Bestäuber ausgelegte Blüten in Blau und Gelb gefärbt und mit UV-Markierungen versehen. Künstliches Licht bei Nacht verwirrt die Pflanzen. Verzichte deshalb auf das Beleuchten von Bäumen, Büschen, Wänden oder anderen Gebäudeteilen, denn nachts ist es draußen dunkel. Bringe nur dort, wo Licht aus Sicherheitsgründen gebraucht wird, geschlossene „Full-Cut-Off"-Leuchten mit warmweißem Licht und schmalem, nach unten gerichtetem Lichtkegel sowie mit Bewegungsmelder oder manuellem Schalter mit Relaisschaltung an. Damit tust du Pflanzen und Tieren etwas Gutes.

HÖREN
Pflanzen besitzen natürlich keine Ohren im eigentlichen Sinne, aber sie nehmen durchaus die Schallschwingungen wahr – sie merken also, wenn du dich im Garten bewegst: Wurzeln wachsen gezielt zu bestimmten Schallquellen hin (etwa, wenn es wie fließendes Wasser tönt) oder entfernen sich von ihnen, Phonotropismus heißt dieses Phänomen in der Wissenschaft. Pflanzen hören auch das Summen von Bienen und erhöhen dann den Zuckergehalt in ihrem Nektar, um noch attraktiver für diese Bestäuber zu sein.
Pflanzen reagieren auf das Summen einer Honigbiene, das eine Frequenz von 250 Hertz hat. Die-

Unbestäubte Blüten der Rosskastanie weisen bienenfreundlich ein gelbes Farbmal auf, dass sich nach der Bestäubung – wenn es keinen Nektar mehr zu holen gibt – in Rot umfärbt.

sen Ton erreichst du, wenn du den Ton h singst oder flötest, – zum Beispiel, wenn du durch deinen Garten spazierst. Interessanterweise ist dieser Ton auch gut für uns Menschen, denn er gibt uns das Gefühl von „im Frieden sein".

TASTEN UND FÜHLEN

Pflanzen sind in der Lage, Berührungen wahrzunehmen. Diesen Sinn besitzen nicht nur die oberirdischen Pflanzenteile, sondern auch die Wurzeln und spüren so ganz genau, wo es Hindernisse im Boden zu umwachsen gibt, wie Felsen, eine Rhizomsperre für Bambus, die Wand von Pflanzgefäßen oder auch die Wurzeln anderer Pflanzen.

RIECHEN UND SCHMECKEN

Pflanzen sind auch fähig, gasförmige chemische Substanzen in der Luft zu riechen oder gelöste chemische Substanzen etwa im Boden zu schmecken. Dazu besitzen sie viele Millionen hochempfindliche Chemorezeptoren in den Zellwänden der Blattflächen (riechen) und Wurzeln (schmecken). Über Düfte teilen sich Pflanzen gegenseitig ihren gesundheitlichen Zustand mit, synchronisieren Blüte- und Reifezeiten und warnen sich vor Schädlingen. Und im Boden schmecken sie genau die verschiedenen gelösten Salze – zu lebensnotwendigen Nährelementen in günstigen Konzentrationen wachsen die Wurzeln hin, während sie von Stellen mit zu hohen Salzkonzentrationen abgestoßen werden: Das geschieht etwa, wenn du zu viel mineralische Düngersalze oder im Winter Streusalze auf den Wegen ausgebracht hast.

Zu wenig Platz tut weh

Topfe deine Pflanzen rechtzeitig um, denn sie spüren ganz genau, wenn es zu eng wird im Topf. Das stresst sie so wie dich ein zu enger Schuh.

1

2

3

DÜFTE: DIE „WÖRTER" DER PFLANZENSPRACHE

Nach dem Lichtsinn ist das Wahrnehmen von chemischen Substanzen bei den Pflanzen der feinste Sinn, während Hören und Tasten weniger wichtig sind. Dementsprechend besteht die Sprache der Pflanzen nicht aus akustischen Wörtern, sondern aus mindestens über 2000 verschiedenen Düften, also chemischen Substanzen. Diese werden über alle Pflanzenteile verströmt, um miteinander und mit den anderen Lebewesen zu kommunizieren.

WICHTIGE VOKABELN AUF BOTANISCH
Exsudate im Boden

Exsudate sind die pflanzlichen Wörter, die die Mikroorganismen im Boden verstehen. Über die Wurzel geben Pflanzen verschiedene organische Zucker-, Aminosäure- und Säuremoleküle wie etwa Apfel- oder Essigsäure in den Boden ab. Diese Substanzen locken – auch durch Änderungen des pH-Werts – im wurzelnahen Bereich jeweils bestimmte Mikroorganismen an. Diese setzen ganz spezifisch an Bodenteilchen gebundene Nährstoffe frei und machen sie dadurch für die Pflanzen verfügbar.

Vermeide mineralische Dünger! Sie zerstören das natürliche Bodenleben, sodass die Pflanzen nicht mehr bestens von den Mikroorganismen versorgt werden können. Die über die Exsudate von den Pflanzen ausgerufenen Botschaften bleiben dann ungehört.

Ethylen

Das Duftmolekül Ethylen können Pflanzen ausgezeichnet „riechen". Es ist ein Phytohormon, das vor allem reifende und faulende Pflanzen freiset-

1. Die Florfliege legt ihre Eier neben Blattläuse. Ihre Larven sind räuberische „Blattlauslöwen".
2. Reife Äpfel verströmen reichlich Ethylen mit reifender Wirkung.
3. Mit Duft und Farbe locken Blüten gezielt ihre Bestäuber an.
4. Pflanzen wie diese Wicken spüren, wenn jemand an ihnen frisst oder schnippelt.

4

zen. Daher spielt es eine wichtige Rolle bei der Reifung: Mit Ethylen synchronisieren Pflanzen untereinander die Bildung und eben Nichtbildung von Blüten, das Reifen von Früchten, das Abwerfen des Laubs im Herbst sowie das Absterben von Pflanzenteilen, auch nach Verletzungen. Menschliche Nasen nehmen den süßlichen Geruch dieses Gases erst in höheren Konzentrationen wahr, Pflanzen hingegen schon in einer Konzentration von 0,01 ppm (also 1 Teil auf 100 Millionen). Forscher entdeckten noch eine weitere Wirkung von Ethylen, das früher wegen seiner betäubenden Wirkung als Narkosemittel in der Medizin eingesetzt wurde: Auch verletzte Mimosen verströmen Ethylen. Vielleicht versetzt Ethylen Pflanzen in einen leichten Narkosezustand.

Äpfel verströmen reichlich Ethylen, das in einem Umkreis von bis zu 50 cm bei Pflanzen wirkt. Mit Äpfeln kannst du zum einen unreif geerntete Früchte wie Tomaten oder Kiwis nachreifen lassen (aber nicht übertreiben, reife Früchte werden durch Ethylen zum Faulen angeregt), zum anderen kannst du mit ein paar reifen Äpfeln, die du vor Schnittmaßnahmen an Bäumen und Sträuchern, vor dem Abschneiden von Blumen für die Vase oder Ernten von Gemüse und Kräutern auslegst, die Pflanzen leicht narkotisieren und die folgenden Verletzungen „erträglicher" machen …

VOCs

Um mit Insekten zu kommunizieren, setzen Pflanzen flüchtige organische Substanzen wie Jasmonsäure und Salicylsäure ein, die sogenannten VOCs („volatile organic compounds"). Interessanterweise hängt die Wirkung davon ab, welches Pflanzenteil einen Duftstoff verströmt. Beispiel Jasmonsäure: Sind es die Blüten, so wird die Nektarproduktion angeworfen und somit werden Blütenbestäuber angelockt. Sind es die Blätter, so werden jagende und parasitische Feinde der Fressfeinde zur Schädlingsbekämpfung herbeigerufen. Wissenschaftler haben herausgefunden, dass Blüten auch besser durch Insekten bestäubt werden und somit eine höhere Qualität an Früchten liefern, wenn sie mit Jasmonsäure besprüht werden. Das wäre doch einen Versuch wert: Jasmonsäure ist in Jasminöl enthalten, aus dem du mit ein paar Tropfen eine stark verdünnte Sprühlösung (3 Tropfen auf 100 ml Wasser) herstellen kannst …

„EINFACHE" PFLANZENSPRACHE

„Der Apfel fällt nicht weit vom Stamm" – nach diesem Motto haben Botaniker die Pflanzen anhand bestimmter Merkmale in Gattungen, Familien und Ordnungen eingeteilt. Auch die Pflanzen in deinem Garten finden sich in diesem System wieder. Um die Pflanzenmerkmale erkennen zu können, macht es – trotz entsprechender Apps – Sinn, seine Beobachtungsgabe zu schulen. So lernst du nach und nach den Blick auf die entscheidenden Merkmale zu richten.

Blumenordnung

Bei den Blumen bildet die Blüte ein wichtiges Merkmal. Achte auf die Anzahl der Blütenblätter und ihre Stellung. Kreuzblütler besitzen vier, wie ein Kreuz angeordnete Blütenblätter, Hahnenfußgewächse fünf und Korbblütler unzählige. Bei den Schmetterlings- und Lippenblütlern sind die Blütenblätter nicht im Kreis, sondern zweiseitig-symmetrisch angeordnet – von vorne betrachtet gibt es bei diesen Blüten ein Oben und Unten, die rechte und linke Seite der Blüte ist spiegelbildlich zueinander. Aber wozu sind solche Kenntnisse überhaupt nötig?

Kreuzblütler und Kohlhernie: Im Gemüsebeet gilt, dass nach einem Kreuzblütler ein paar Jahre lang kein weiterer Kreuzblütler angebaut werden sollte, damit die Pflanzenkrankheit Kohlhernie – ein Pilz, der im Boden lebt – keine Chance hat. Doch welche Gemüse sind das? Die Blüte verrät es mit ihren vier Blütenblättern: Alle Kohlarten,

Auch der als Salatpflanze beliebte Rucola ist ein Kreuzblütler.

Blühen lassen

Um deine Gemüse und Kräuter besser kennenzulernen, lass mindestens je ein Exemplar aufblühen – einfach nicht abernten! Manche Pflanzen im Nutzgarten sind wie etwa Petersilie oder Möhren zweijährig, sie blühen erst im Folgejahr. Außerdem wurden für den Garten extra schossfeste Sorten von Salaten gezüchtet, die im Sommer unter Kurztagbedingungen nicht aufblühen.

Naturführer wie „Was blüht denn da?" unterstützen dich beim Bestimmen, welche Pflanzen zur selben Pflanzenfamilie gehören.

auch Brokkoli und Kohlrabi, gehören dazu, ebenso wie Meerrettich, Pak Choi, Radieschen, Rettich und Speiserüben.

Korbblütler: Was wie eine einzige große Korbblüte aussieht, ist in Wirklichkeit ein aus vielen kleinen Einzelblüten zusammengesetzter Blütenstand. Dieser Trick der Natur lässt die Blüte größer scheinen, um noch verlockender für bestäubende Insekten zu sein – und er ist erfolgreich: Die Korbblütler sind die artenreichste aller Pflanzenfamilien.

Die meisten Korbblüten bestehen aus einer perfekten Mischung aus unscheinbaren, aber nektar- und pollenreichen, fruchtbaren Röhrenblüten im Zentrum (die Samen bilden können), umgeben von einem Kreis meist auffälliger, attraktiver, aber steriler Zungenblüten. Nun haben Züchter erreicht, dass auch in der Mitte des Blütenkörbchens attraktive sterile Zungenblüten sitzen – das Ergebnis sind üppig gefüllte Blüten, zauberhaft fürs menschliche Auge. Sie werden daher gern in den Garten gepflanzt, haben aber einen Haken: Ohne fertile Röhrenblüten hat die Blüte völlig ihren Sinn als Fortpflanzungsorgan verloren (siehe S. 23, 44). Da sie bunt und attraktiv aussieht, lockt sie Bienen und andere Bestäuber an, für die es aber gar nichts zu holen gibt. Unsinniger kann es kaum sein. Jetzt weißt du, warum du auf die Verkaufstricks der üppig gefüllten Blüten nicht hereinfallen solltest.

PLANUNG: HIER LEBEN PFLANZEN

EIN GARTEN WIE IM BILDERBUCH

Ein kleiner Baum, blühende Sträucher und viele attraktive Blüh- und Blattstauden – doch kennst du auch die Namen dieser Pflanzen und die Landschaften, aus denen sie stammen?

LEBENSRAUM TROCKENMAUER

Ein Blick in den eigenen Garten

Natürlich kennst du deinen Garten. Dennoch lade ich dich dazu ein, deinen gewohnten Blick beiseitezulegen und deinen Garten einmal so zu betrachten, als ob du ihn zum ersten Mal sehen würdest. Was fällt dir auf?

Garten ist nicht gleich Garten, denn jeder Garten hat seine eigenen Bedingungen, was Boden, Licht, Klima und Feuchte angeht. Und natürlich auch aufgrund der Art und Weise, wie du mit ihm umgehst. Indem du dich mit deinem Garten und der umgebenden Landschaft beschäftigst, erfährst du viel über die Pflanzen, für die der Garten wie geschaffen ist. Begib dich auf einen Erkundungsgang und betrachte deinen Garten so wie eine unbekannte Naturlandschaft. Wie würdest du ihn beschreiben – eine große Rasenfläche mit ein paar Blumen und Büschen oder eher verwildert? Gibt es Böschungen, einen Teich, ein Steinmäuerchen und Gemüsebeete? Würde es eine solche Gestaltung in der Natur geben? Spüre in dich hinein: Wo in deinem Garten hältst du selbst dich am liebsten auf, wo fühlst du dich wohl?

DER GARTEN ALS TEIL DER NATUR

Mach dann einen Spaziergang durch die Natur in der Umgebung: Vergleiche deinen Garten mit der Natur. Ist er ein Teil davon? Oder eher ein Fremdkörper? Erkennst du Wildpflanzen in der Natur, die auch in deinem Garten wachsen? Entdeckst du vielleicht sogar Pflanzen, die dir gefallen und denen du in deinem Garten einen ähnlichen Platz bieten könntest wie an ihrem natürlichen Standort? Gibt es in der Landschaft bestimmte Strukturen wie Steinmauern oder offene vertikale Bodenflächen, die du auch in deinem Garten einrichten kannst? Mit der Kenntnis, was dein Garten Pflanzen zu bieten hat, kannst du bewusst Arten wählen, die sich auch im Garten wohlfühlen werden (siehe S. 38). Das ist die Basis für eine lange Pflanzenfreundschaft.

Biotop

Tatsächlich ist der Gartenteich das bekannteste Biotop, ein beliebter Treffpunkt von Insekten, Vögeln und anderen heimischen Wildtieren. Doch es gibt noch mehr Biotope für deinen Garten wie Trockenmauer und Blumenrasen.

Schau mich an …

… ich sag dir, wo ich gerne wachse. Eine gute, lange haltende Freundschaft kann sich entwickeln, wenn du die Sprache der Pflanzen verstehst – das nennt man „einen grünen Daumen haben".

Pflanzen sind keine Deko-Artikel, sondern Lebewesen. Sie haben ein Recht darauf, artgerecht wachsen zu können. Wähle Pflanzen nicht rein danach aus, ob sie dir gefallen, sondern auch, ob du ihnen einen passenden Lebensraum bieten kannst.

In der Kommunikation mit Pflanzen sind vor allem deine Empfängerqualitäten gefragt, die die „ausgesendeten" Botschaften der Pflanzen wahrnehmen und verstehen. Wie günstig: Schon beim bloßen Betrachten verraten uns Pflanzen nicht nur ihre Verwandtschaft (siehe S. 16), sondern auch viel über ihre Bedürfnisse – beispielsweise unterscheiden sich schattenliebende Pflanzen deutlich von Sonnenanbetern – und an den Blüten erkennst du sofort, ob der Wind für die Bestäubung ausreichend ist oder ob es Hilfe durch Insekten braucht.

BEDÜRFNISSE AN DEN LEBENSORT

Um sich zu ernähren, brauchen Pflanzen Licht, Wasser, Luft (Kohlenstoffdioxid) und Nährelemente. Da Licht nicht überall in gleichem Maße zur Verfügung steht, wirkt sich dies direkt auf den Pflanzenkörper aus (siehe S. 24 ff.). Ähnlich verhält es sich mit der Düngung und dem Feuchtegrad, denn Pflanzen sind auch an eine bestimmte Ernährungslage und einen bestimmten Wasserzustand im Boden angepasst – manche kommen von Natur aus an nährstoffreichen Plätzen vor, andere gedeihen besser auf mageren Böden (siehe S. 30), einige wachsen natürlicherweise an feuchten bis nassen Stellen etwa im Uferbereich von Gewässern oder sumpfigen Böden, andere hingegen besiedeln trockene, etwa sandige Böden. Diese Anpassungen der verschiedenen Pflanzenarten sind leider für uns Menschen nicht so einfach zu erkennen wie der Lichtbedarf – hier helfen bei heimischen Pflanzen häufige Beobachtungen in der Natur, bei Pflanzen in Gärtnereien, Baumschulen, oder online bei Versandgärtnereien findest du Angaben dazu auf den

Sonnenkinder unter den Pflanzen

2

Pflanzenetiketten und in den Beschreibungen. Wenn du konsequent die Pflanzen wählst, deren Bedürfnisse du in deinem Garten erfüllen kannst, sorgst du dafür, dass die Pflanzen nicht in Stress kommen – wie es geschieht, wenn etwa eine sonnenhungrige Art an einem lichtarmen Platz oder eine Schattenpflanze an einem sonnenexponierten Ort steht. Stress hat auf Pflanzen dieselbe Wirkung wie auf uns Menschen, er macht krank. Gestresste Pflanzen werden anfällig für Krankheiten und Schädlinge, sie gehen schließlich ein. Dies kannst du verhindern.

BESTÄUBUNG DURCH WIND ODER INSEKTEN

Pflanzen verraten dir auch, wer den Pollen zu den Blüten transportiert – das ist wichtig, denn nur so können sich Pflanzen vermehren. Pflanzen, die den Pollen vom Wind transportieren lassen, müssen reichlich Pollen bilden – denn der Wind ist ein unzuverlässiger Partner. Windbestäuber wie Birken, Hasel oder Nadelbäume blühen zudem zeitig im Frühjahr, bevor die Laubbäume ihre Blätter entfalten – so hat der Pollen größere Chancen, auf die unscheinbaren Blüten zu treffen. Diese großen Pollenmengen können bei Allergikern zu Heuschnupfen führen, ebenso die der im Sommer blühenden Gräser.

Zum Glück setzen fast alle Landpflanzen auf Insekten als Bestäuber – auch die meisten Pflanzen in deinem Garten. Dazu haben sie durch Kommunikation mit diesen im Lauf von Millionen Jahren attraktive Blüten entwickelt (siehe S. 44). Der Haken: Ohne blütenbestäubende Bienen, Schmetterlinge, Fliegen und Käfer sind diese Pflanzen aufgeschmissen. Darum sorge in deinem Garten für eine große Vielfalt an Insekten.

1. Die Lenzrose fühlt sich an einem hellen bis halbschattigen Platz, am besten unter Laubbäumen, am wohlsten. Dort pflanzt du sie achtsam ein.

2. Sonnenhungrig: Purpurblättriges Eisenkraut (*Verbena officinalis* var. *grandiflora*), Steifes Eisenkraut (*Verbena rigida*) und Kreta-Schwarznessel (*Pseudodictamnus mediteraneus*) gedeihen im steinig-trockenen Kiesbeet.

1. Erst im zweiten Jahr blüht der heimische Natternkopf, eine ebenso wertvolle Insektenpflanze wie die Wiesen-Flockenblume.

2. Zwischen den Steinplatten bilden Thymian, Scharfer Mauerpfeffer und Nelken blühende Polster.

Der ab Juli blühende Ährige Ehrenpreis ist eine wichtige Nahrungspflanze für Sand- und andere Wildbienen. In der Natur ist er selten geworden.

PFLANZEN FÜR SONNIG-WARME STANDORTE

Pflanzen, die natürlicherweise an sonnigen, warmen bis heißen Plätzen wachsen, kommen meist auch ziemlich gut mit Trockenheit zurecht. An solchen Standorten ist Licht kein Mangel – darum genügen den Pflanzen auch kleine Blattoberflächen, um ausreichend Zuckerverbindungen für Wachstum und Energiehaushalt produzieren zu können. Schwieriger hingegen ist die Situation bezüglich der Wasserversorgung – einerseits, weil die Wurzeln den meist trockenen Böden nur schwer Wasser entnehmen können, andererseits, weil durch die Wärme die Verdunstung von Wasser über die Spaltöffnungen auf den Blattunterseiten steigt.

Um nicht zu verdursten und zu vertrocknen, reichen die Wurzeln der an solche Standorte angepassten Pflanzen meist tief in den Boden hinein und die Blätter besitzen ganz besondere Strukturen: Sie sind eingerollt oder mit flaumigen Haaren besetzt, um die Spaltöffnungen vor zu starker Verdunstung zu schützen. Sie sind schmal oder zerschlitzt, ledrig und saftarm, mit dicker, wachsartig glänzender Schutzschicht bedeckt oder von blaugrauer bis blaugrüner Farbe, um der starken Sonneneinstrahlung zu widerstehen. Manche Pflanzen besitzen ledrig-harte Blätter, andere hingegen ziemlich dicke: Im Innern dieser sukkulenten Blätter wird Wasser gespeichert. Viele Pflanzen an sonnig-warmen Plätzen bilden dichte Polster, die sich an den Untergrund anschmiegen – eine weitere Strategie, um wenig Wasser zu verdunsten und den Boden über den Wurzeln zu beschatten.

In deinem Garten eignen sich solche Sonnenkinder überall dort, wo richtig die Sonne hinknallt: auf trockenheißen Kies- und Sandbeeten, an sonnigen Trockenmauern oder auf dem extensiv begrünten Dach.

PFLANZEN, DIE ES SONNIG UND WARM MÖGEN

Pflanze	Höhe	Blütezeit	Anmerkungen
Färber-Hundskamille *Anthemis tinctoria*	40–60 cm	Juni–September	blüht lang, sät sich selbst aus, gute Nahrungspflanze für Wildbienen und Schwebfliegen
Bergminze, Steinquendel *Calamintha*-Arten	30–80 cm	Juli–September	hübsch zwischen hohen Stauden, Nahrungspflanze für Honigbienen, Hummeln und Schwebfliegen
Rundblättrige Glockenblume *Campanula rotundifolia*	10–40 cm	Mai–September	zarte Pflanze mit langer Blütezeit, Nahrungspflanze für Bienen, die gern auch in den Glockenblüten ruhen oder Schutz suchen
Berg-Flockenblume *Centaurea montana*	20–50 cm	Mai–August	sät sich selbst aus, Nahrungspflanze für Bienen
Kartäuser-Nelke, Stein-Nelke *Dianthus carthusianorum*	20–60 cm	Juni–Oktober	Blüten ragen weit aus Blattpolster heraus, sät sich selbst aus, wichtige Nahrungspflanze für viele Schmetterlinge
Gemeiner Natternkopf *Echium vulgare*	30–100 cm	Juni–Oktober	zweijährig, bildet im ersten Jahr nur Blätter, blüht im zweiten Jahr, sät sich selbst aus, sehr wichtige Nahrungspflanze für eine Vielzahl an Insekten
Blutroter Storchschnabel *Geranium sanguineum*	15–40 cm	Mai–August	schöner Bodendecker, wichtige Nahrungspflanze für viele Insekten (Wildbienen, Schwebfliegen, Schmetterlinge, Käfer etc.)
Gemeines Sonnenröschen *Helianthemum nummularium*	10–40 cm	Mai–August	immergrüner Halbstrauch, Nahrungspflanze für Bienen
Steinbrech-Felsennelke *Petrorhagia saxifraga*	10–25 cm	Juni–Oktober	zarte Pflanze, sät sich selbst aus, Nahrungspflanze für kleine Wildbienen, Schwebfliegen, Schmetterlinge
Wiesen-Salbei *Salvia pratensis*	30–60 cm	Mai–September	typische Hummelblume, Nahrungspflanze für Bienen und Schmetterlinge
Feld-Thymian, Sand-Thymian *Thymus serpyllum*	10–30 cm	Mai–Oktober	immergrüner Halbstrauch, Heilpflanze, duftet intensiv, wichtig für Honig- und Wildbienen sowie Schmetterlinge
Großblütige Königskerze *Verbascum densiflorum*	50–120 cm	Juli–Oktober	zweijährig, bildet im ersten Jahr nur Blätter, im zweiten kerzenartige Blütenstände, auch im dritten Jahr verwelkt für Wildbienen stehen lassen, Nahrungspflanze (nur Pollen) für Bienen und Schwebfliegen
Ähriger Ehrenpreis *Veronica spicata*	20–40 cm	Juli–Oktober	in der Natur selten gewordene Nahrungspflanze für Sand- und andere Wildbienen, Honigbienen sowie Schwebfliegen

PFLANZEN FÜR SCHATTIG-KÜHLE STANDORTE

Dort, wo Bäume und Sträucher wachsen, wie etwa natürlicherweise am Waldrand, herrschen halbschattige Bedingungen – denn diese Standorte werden, je nach Ausrichtung, nicht den ganzen Tag von Sonne beschienen. Vielmehr liegen sie am Morgen, Mittag oder Abend im Schatten. Diese Situation gibt es auch häufig im Garten am Saum von Gehölzen, vor Gebäuden, Wänden oder Mauern. Saumpflanzen kommen sowohl mit Schatten als auch mit Sonne zurecht.

Im Schatten von Bäumen

Ist die Lichtbilanz im Halbschatten über das Jahr gesehen noch ausgewogen, herrscht an schattigen Plätzen, die niemals bis selten von direktem Sonnenlicht erreicht werden, eindeutig ein Mangel an Licht. Um dennoch genügend Fotosynthese betreiben zu können, haben typische Schattenpflanzen große, flächig ausgebreitete, oft dünne und weiche Blätter. Damit versucht die Pflanze, so viel Sonnenlicht wie möglich einzufangen. „Gegen" Sonnenbrand oder eine zu hohe Verdunstungsrate brauchen diese Schattenkinder keine besonderen Schutzvorrichtungen. Der Boden ist normalerweise feucht genug, sodass den Pflanzen an diesen Standorten genügend Wasser zur Verfügung steht. Dort, wo Lichtmangel und trockener Boden zusammenkommen, kapitulieren die meisten Pflanzen.

Frühblüher

Schattigen Laub- oder Mischwäldern verdanken wir jedes Jahr den bunt blühenden Start in den Frühling: Weil es am Boden schattig wird, sobald die Laubbäume ihre Blätter entfalten, haben zahlreiche Stauden ihre Entwicklung ins zeitige Frühjahr gelegt. Solange die Bäume noch kahl sind, erreicht das volle Sonnenlicht den Waldboden – und diese Lichtflut nutzen Busch-Windröschen, Blaustern und andere Zwiebel- und Knollenpflanzen zum Blühen und zur Fotosynthese.

Wenn es dann schattig wird am Boden, haben diese Frühblüher schon Samen gebildet, Nährstoffe in den Speicherorganen eingelagert und sich in den Boden zurückgezogen.

1. Typische Saumpflanze: Die an schattigen Plätzen saftig grünen Blätter des Ruprechtskrauts (*Geranium robertianum*) färben sich an sonnigen Stellen intensiv rot – die roten Farbstoffe verhindern, dass die Blätter verbrennen.

2. Im Mai und Juni blüht der heimische Wald-Storchschnabel auch im Schatten.

PFLANZEN, DIE ES SCHATTIGER UND KÜHLER MÖGEN

Pflanze	Höhe	Blütezeit	Anmerkungen
Halbschatten bis Sonne			
Gemeiner Frauenmantel *Alchemilla vulgaris*	30–60 cm	Mai–Juni	Bodendecker, oft mit kugeligen Wassertropfen auf den Blättern
Gemeine Akelei *Aquilegia vulgaris*	30–90 cm	Mai–Juni	sät sich selbst aus und bildet dabei neue Blütenfarben, Nahrungspflanze für Hummeln
Große Sterndolde *Astrantia major*	30–100 cm	Juni–August	attraktiv mit sternförmigen Blüten, Nahrungspflanze für Honig- und Wildbienen inklusive Hummeln, auch Schwebfliegen und Käfer
Pfirsichblättrige Glockenblume *Campanula persicifolia*	30–80 cm	Juni–August	Glockenblüten an hohen Stängeln, sät sich selbst aus, Nahrungspflanze für Wildbienen
Frühlings-Platterbse *Lathyrus vernus*	20–50 cm	Mai–Juni	bildet schönen Blütenteppich, sät sich selbst aus, Nahrungspflanze für Honig- und Wildbienen (inklusive Hummeln)
Geflecktes Lungenkraut *Pulmonaria officinalis*	15–35 cm	April–Mai	Nahrungspflanze für Honig- und Wildbienen
Halbschatten bis Schatten			
Busch-Windröschen *Anemone nemorosa*	10–25 cm	März–April	bildet im Frühjahr große Teppiche unter Gehölzen und ist schon wieder eingezogen, wenn die nächsten Stauden blühen, Pollennahrung für Bienen
Wald-Geißbart *Aruncus dioicus*	100–150 cm	Juni–Juli	duftet, schön vor einer langweiligen Wand als Hintergrund eines Staudenbeets
Stinkende Nieswurz *Helleborus foetidus*	30–60 cm	Februar–März	immergrüne Staude, verträgt Trockenheit, wichtige Nahrungspflanze für früh fliegende Insekten
Vielblütiges Salomonssiegel *Polygonatum multiflorum*	30–60 cm	Mai–Juni	auffallend durch wie an einer Leine hängende Glockenblüten, Nahrungspflanze für einige Hummeln
Zweiblättriger Blaustern *Scilla bifolia*	10–25 cm	März–April	Zwiebelblume mit blauen sternförmigen Blüten in dichten Trauben
Akeleiblättrige Wiesenraute *Thalictrum aquilegifolium*	40–140 cm	Mai–Juni	hohe Staude mit zartem Erscheinungsbild, (an windigen Plätzen stützen!), Nahrungspflanze für Bienen und Schmetterlinge
Kleines Immergrün *Vinca minor*	15–40 cm	April–Mai	kriechender Halbstrauch, Bodendecker, Nahrungspflanze für Hummeln und Schwebfliegen

Pflanzen brauchen Halt

Die meisten Bäume und Sträucher stehen aufrecht auf stabilen Stämmen, die meisten Blumen und Stauden auf stabilen Stängeln – doch unter all diesen aufrechten Pflanzen gibt es auch solche, die nicht von alleine nach oben kommen: die Rank- und Kletterpflanzen.

Für alle grünen Pflanzen ist das Sonnenlicht die lebensspendende Energiequelle. Ohne Licht gehen Pflanzen ein – da gibt es kein Wenn und Aber. Darum wachsen alle Pflanzen zielgerichtet zum Licht. Anstatt auf eigenen Stämmen und Stängeln hoch hinaufzuwachsen, nutzen Rank- und Kletterpflanzen stabile Strukturen wie Bäume und Sträucher, Wände und Mauern, Zäune oder Lauben als Stütze, um ans Licht zu gelangen. Sie vernachlässigen dazu das eigene stabile Stützskelett und investieren lieber in Ranken oder haftende Strukturen – eine erfolgreiche Strategie.

MIT RANKEN HOCH HINAUF

Weinreben, Clematis, Passionsblumen, Erbsen, Zierkürbisse und Gurken, Wicken und Platterbsen besitzen Ranken. Diese fadenförmigen, bei manchen Pflanzen auch verzweigten Enden von Blättern machen kreisende Bewegungen und weil sie dabei fortlaufend weiterwachsen, wird der Radius immer größer. Hat das Ende der Ranke einen Gegenstand erreicht – egal, ob Stängel, Schnur oder Balkongeländer –, so beginnt es wie ein Korkenzieher den Gegenstand zu umwickeln. Das geht so schnell, jedenfalls für pflanzliche Bewegungen und Wachstum, dass man schier zugucken kann, wie sich Wickel um Wickel um die Stütze windet. Dabei wächst die Seite der Ranke, die den Gegenstand berührt, langsamer in die Länge als die gegenüberliegende Rankenseite. Möglich macht dies der hochempfindliche Berührungssinn der Rankenspitze, die so sensibel wie Wurzelspitze und Fingerkuppe ist.

MIT SCHLINGEN HOCH HINAUF

Bei Schlingpflanzen wie Blauregen, Geißblatt, Schling-Knöterich, Pur-

Bestimmt gibt es in deinem Garten auch ein paar nicht so hübsche Ecken – ideal, um sie mit einjährigen Rankpflanzen zu kaschieren. Duftwicken, Glockenreben, Prunk- und Trichterwinden, Schwarzäugige Susanne und kletternde Kapuzinerkresse erklimmen innerhalb weniger Wochen etliche Meter.

pur-Prunkwinde, Stangen- und Feuerbohnen windet sich der ganze Spross um die Stütze. Er kann viel dickere Gegenstände umwickeln als Ranken, die es nur bis zu Bleistiftdicke schaffen – Blauregen schaffen es locker sogar um Regenrinnen und andere Strukturen am Haus. Weil die Sprosse verholzen und jedes Jahr dicker und schwerer werden, können sie schwache Dinge herunterreißen. Darum solltest du den wunderschönen Blauregen in der Wachstumszeit konsequent im Zaum halten.

SPREIZKLIMMEND UND HAFTWURZELND HOCH HINAUF

Brombeere, Kletterrosen und Winterjasmin erklimmen als Spreizklimmer die Höhe durch lange, feste Triebe, mit denen sie sich an Strukturen anlehnen, verkeilen, weiterwachsen, wieder anlehnen, verkeilen usw. Wo sie nichts zum Anlehnen finden, hängen die Triebe ziemlich gerade herab. Haftwurzelkletterer wie Efeu, Kletter-Hortensie und Trompetenblume wachsen mit ihren Luftwurzeln einfach überall hoch, wo es geht.

1. In Windeseile erklimmt die einjährige Prunkwinde den Holzzaun.

2. Efeu dringt mit seinen Haftwurzeln weder in den Stamm ein noch entnimmt er ihm Nährstoffe oder Wasser.

3. Auch Gurkenpflanzen brauchen Halt. Mit ihren Ranken halten sie sich fest.

Was Wildpflanzen über den Gartenboden verraten

Pflanzen, die sich von selbst ansiedeln, sind wichtige Botschafter. Sie geben dir durch ihre bloße Anwesenheit Hinweise auf den Feuchtegehalt, die Nährstoffsituation und die Beschaffenheit des Bodens.

Viele Wildpflanzen, gern als „Unkraut" verschrien, wachsen nicht auf jedem freien Fleckchen Erde – sie gedeihen nur dort, wo ihnen der Standort zusagt. Neben den Lichtverhältnissen betrifft das vor allem den Boden. Diese kleine Auswahl zeigt dir, welche Pflanzen auf verschiedenen Bodentypen vorkommen:

— **Sandig bis steinig, trocken und eher humusarm:** Kleiner Wiesenknopf, Frühlings-Hungerblümchen, Weiße Lichtnelke
— **Sandig bis steinig, trocken, humos:** Königskerze, Wiesen-Schafgarbe, Klatsch-Mohn
— **Nährstoffreich:** Löwenzahn, Melde, Taubnessel, Weißer Gänsefuß, Schöllkraut, Zaunwinde
— **Nährstoffreich, feucht:** Brennnessel, Franzosenkraut
— **Humusreich:** Ehrenpreis, Giersch, Kamille, Vogelmiere
— **Feucht, sehr tonhaltig, neigt zu Staunässe und zum Verdichten:** Acker-Schachtelhalm, Breit-Wegerich, Gänse-Fingerkraut, Kriechender Hahnenfuß, Kriech-Quecke. Der Boden sollte bei Nässe nicht betreten werden.

So erhältst du nur durch einfaches Hinschauen, wo welche Wildpflanzen wachsen, wertvolle Grüner-Daumen-Auskünfte. Denn diese Zeigerpflanzen helfen dir zum Beispiel bei der Gartenpflege oder auch bei der Auswahl standortgerechter Pflanzen: Schließlich macht es wenig Sinn, dort eine sonnenliebende Wildblumenwiese anzulegen, wo du gerade Giersch geerntet hast.

Natur entdecken

Heimische Wildpflanzen wie den Kleinen Wiesenknopf kannst du auf botanischen Exkursionen kennenlernen und über Bücher wie „Was blüht denn da?" oder „Wird das was oder kann das weg?".

GRÜNER-DAUMEN-TALK MIT ZEIGERPFLANZEN

GIERSCH: LÄSTIGES WILDKRAUT?
Giersch ist wegen seines hartnäckigen Wurzelwerks unbeliebt – aber er hat auch gute Seiten:
1. Er ist ein Zeichen für einen guten Boden in Bezug auf Bodenstruktur, Humusgehalt, Nährstoffversorgung und Wasserhaushalt,
2. Er schützt als dichter Bodendecker den Boden,
3. Die jungen Blätter sind roh oder gekocht ein leckeres Gemüse.

BRENNNESSEL: VIELSEITIG NUTZBAR

Die Blätter sind die einzige Nahrung, die die Raupen von Tagpfauenauge, Kleiner Fuchs und über 35 anderen Schmetterlingsarten fressen. Die obersten Blätter kannst du für Tee oder Gemüse ernten, aus dem Kraut düngende Brennnesseljauche (siehe S. 57) herstellen.

Der außerordentlich trittfeste Breit-Wegerich ist an offenen, stark begangenen Bodenstellen oft die einzige Pflanze, die dort noch wächst. Diese nah mit dem Spitz-Wegerich verwandte Art zeigt stark verdichtete Böden an.

VOGELMIERE: ESSBARER BODENDECKER

Die Vogelmiere breitet sich leicht auf allen offenen stickstoffreichen Bodenstellen aus. Wie ein Pflaster bedeckt sie das Erdreich und sorgt dafür, dass kein Wasser verdunstet. Wunderbar! Darum darf sie ruhig überall wachsen – und wenn man die Fläche für Kräuter oder Gemüse braucht, ist die Vogelmiere leicht entfernt und landet in der Küche.

KLATSCH-MOHN: SCHMUCKER FARBKLECKS

An sonnigen und warmen Plätzen auf trockenem, aber humosem Boden mit guter Nährstoffversorgung gedeiht der von Mai bis Juli leuchtend rot blühende Klatsch-Mohn. Die einjährige Zierpflanze bildet Millionen kleine Samen, die im Boden lange keimfähig bleiben.

SCHÖLLKRAUT: ALTE HEILPFLANZE

Das wärmeliebende Schöllkraut, dessen gelber Milchsaft gegen Warzen wirkt, wächst meist entlang von Zäunen, an Wegrändern und am Fuß von Mauern – an stickstoffreichen Plätzen.

BASICS – DIE ERSTEN „WORTE"

INSEKTEN SCHÜTZEN

Willst du Pflanzen in deinem Garten haben, deren Blüten Bienen und andere Bestäuber vergiften? Ganz sicher nicht! Verzichte deshalb auf gebeiztes Saatgut!

»Pflanzenkinder wachsen immer zum Licht. Sind sie nicht ein schönes Vorbild für uns?«

Erste Begegnungen

Jedes Jahr im Frühjahr beginnt die Lust, neue Pflanzen in den Garten zu bringen. Dazu werden sie entweder ausgesät oder als Jungpflanzen gesetzt. Für ein gutes Zusammenleben hilft, wenn du schon bei den ersten Begegnungen auf gesunde Pflanzen achtest.

In der kommerziellen Saatgutzucht werden Samen oft vorbeugend mit Fungiziden und Insektiziden behandelt. Bei diesem Verfahren, dem sogenannten Beizen, bilden die giftigen Pflanzenschutzmittel einen Mantel um den Samen, denn diese sollen die frisch gekeimte Pflanze vor Pilzkrankheiten, z. B. der Umfallkrankheit, vor Insektenfraß und allerlei mehr schützen. Die Liste der dafür zugelassenen Mittel liest sich wie die einer chemischen Giftküche – auch die zu Recht als Bienenkiller bekannten Neonikotinoide gehören unter den Insektiziden dazu. Wenn du dermaßen gebeizte Samen aussäst, gelangen die Beizsubstanzen in den wurzelnahen Bodenbereich und mit dem Wasser in den Pflanzenkörper. So wurden etwa geringe Spuren von Neonikotinoiden in den Blüten solcher Pflanzen festgestellt – schon diese geringen Konzentrationen genügen, um das Nervensystem der Honig- sowie der noch empfindlicheren Wildbienen nachhaltig zu schädigen.

Leider ist es nicht so einfach herauszufinden, ob und wie der Samen in den Samentütchen gebeizt wurde – auf der sicheren Seite bist mit dem Erwerb von Saatgut aus biologisch-dynamischem Anbau oder wenn du die Samen selbst sammelst. Wie du dein Saatgut auf sanfte Weise selbst vor dem Aussäen behandeln kannst, erfährst du auf der nächsten Seite.
Auch viele Blütenpflanzen sind mit Pflanzenschutzmitteln behandelt, damit sie ohne Makel in großen Stückzahlen in die Garten-, Bau- und Supermärkte gelangen. Darum am besten vor dem Kauf nach der Herkunft fragen – und Pflanzen lieber auf Wochenmärkten und in Gärtnereien erstehen.

Selbstgesammelt
Wenn im Garten, am Feld-, Wald- und Wegrand die Blüten verwelken, bilden sie reichlich Samen. In einem trockenen Briefumschlag oder einer Papiertüte kannst du sie aufbewahren – beschriften nicht vergessen!

STREICHELEINHEITEN FÜR PFLANZENKINDER

Jede junge Pflanze beginnt ihr Leben mit der Keimung aus einem Samen. Dies ist wie die Geburt eines neuen Lebewesens und gehört zu den vielen täglichen Wundern auf unserem Planeten, die einen demütig werden lassen. Mit der Aussaat erweckst du Pflanzenkinder zum Leben. Gib ihnen einen guten Start!

Vorbereitung für die Aussaat

Mit Kamillentee kannst du die Samen optimal auf die Aussaat vorbereiten, denn Kamille hat eine pilzhemmende Wirkung. Koche dazu einen Kamillentee und lasse ihn einen Tag lang ziehen. Dann gießt du den Kamillentee über die Samen (in einer flachen Schale). Lass sie darin – je nach Größe des Saatguts – 15 bis 120 Minuten baden. Nach dem Bad gießt du alles durch ein feines Sieb und lässt die Samen auf Küchenpapier vollkommen abtrocknen. Weil die äußere Hülle der Samenkörner durch das Baden aufgeweicht ist, solltest du sie nach dem Abtrocknen sofort in eine Aussaatschale oder kleine Töpfe mit nährstoffarmer Erde aussäen.

Nach der Aussaat

Zur Keimung benötigen die Samen zunächst Wasser, deshalb solltest du das Erdreich feucht halten. Es darf nicht austrocknen, aber auch nicht zu feucht sein, sonst breitet sich Schimmel aus. Am besten besprühst du es regelmäßig mit dem feinen Nebel einer Sprühflasche. Sobald die Keimlinge erscheinen, ist Licht der entscheidende Faktor: Zielgerichtet wachsen sie zu ihm hin. Da die Pflanzenkinder noch sehr zart sind, solltest du sie aber vor starker Sonneneinstrahlung (etwa der Mittagssonne) und Hitze schützen.

Mehr Platz!

Nachdem sich das erste echte Blattpaar nach den Keimblättern entwickelt hat, ist es Zeit zum Vereinzeln (Pikieren). Dabei pflanzt du die Keimlinge mit mehr Abstand in ein neues Gefäß, denn der Platz ist nun für alle zu eng geworden.

Probiere es aus!

Berühre deine Pflanzen von der Keimung an mehrmals täglich. Wissenschaftliche Forschungen haben gezeigt, dass Pflanzen, die mindestens dreimal täglich gestreichelt, angepustet oder mit Wasser besprüht wurden, kompakter wachsen und kräftiger sind als unberührte Pflanzen.

Selbst die stattlichsten Bäume haben ihr Leben mal ganz klein begonnen.

Aussäen und Pikieren

Beim Aussäen bringst du die Samen in Kontakt mit dem Boden, sodass die darin ruhenden Pflanzenembryonen zu wachsen beginnen.

1. Fülle eine flache Schale mit nicht zu feuchter, nährstoffarmer **Aussaaterde**, die du mit sanftem Händedruck glättest. Die Samen von Dunkelkeimern steckst du in die Erde, die Samen von Lichtkeimern streust du flächig aus und drückst sie mit der Hand an. Feine Samen zuvor mit Sand vermischen, dann lassen sie sich leichter gleichmäßig verteilen.

2. Bedecke die Erdoberfläche dünn mit Erde oder Sand, der für die bald keimenden Pflänzchen als Stütze wirkt.

3. Halte die Anzuchterde durch Besprühen mit Wasser oder vorsichtiges Gießen mit einer feinen Brause feucht.

4. Wenn die Keimlinge ein paar Zentimeter hoch gewachsen sind und ein zweites Blattpaar gebildet haben, ist Zeit zum **Vereinzeln**: Mach das Erdreich gut feucht und nimm die kräftigsten Exemplare vorsichtig mit einem Pikier- oder Essstäbchen aus der Erde, kürze die Wurzeln auf eine Länge von 2 cm ein und setze die Pflänzchen einzeln in einen mit Anzuchterde gefüllten Topf. Gut angießen und an einen hellen Platz ohne direkte Sonne stellen.

1. Der Hibiskus öffnet im Sommer unermüdlich seine riesigen Blüten – kein Wunder, dass ihn viele Menschen lieben.
2. Auf Pflanzenmärkten findest du manchmal ganz besondere Pflanzen für lange Freundschaften.

PARTNER FÜR LÄNGERE ZEIT: PFLANZEN KAUFEN

Neben den Pflanzen, die von selbst in deinen Garten gelangen oder die du ausgesät hast, kannst du Sträucher und Bäume, Stauden, Gemüse-, Kräuter- und Obstpflanzen kaufen. Damit beginnt eine mitunter lange Pflanzenfreundschaft.

Das Schöne am eigenen Garten ist, dass man selbst auswählen kann, welche Pflanzen darin wachsen sollen. Und so schlägt vor allem im Frühjahr, wenn es endlich draußen wieder grünt und blüht, das Herz aller Gartenfans höher. Doch wie findet man in der unüberschaubar großen Angebotsvielfalt seine speziellen Pflanzenfreunde?

Die Qual der Wahl

Da gibt es zum einen die Lieblingspflanzen: Vermutlich jeder Mensch fühlt sich zu bestimmten Pflanzen hingezogen, die eine zu duftenden Rosen, der andere zu Lavendel, Hibiskus oder – wie mein Vater – zum Fächer-Ahorn. Keine Frage: Deine Lieblingspflanzen holst du dir natürlich in deinen Garten und gibst ihnen darin den Platz, an dem sie sich am wohlsten fühlen. Pflanzen nehmen wahr, wenn sie geliebt werden. Sie spüren die Zuwendung und dies stärkt sie ebenso wie uns Menschen. Deine Lieblingspflanzen berührst du sicherlich häufiger als die anderen – und dies macht sie robust und gesünder (siehe S. 60).

Weiterhin wählst du bewusst solche Pflanzen für deinen Garten aus, deren Bedürfnisse darin auch tatsächlich erfüllt werden können. Dazu solltest du natürlich die verschiedenen Standortbedingungen deines Gartens (siehe S. 20) ebenso gut kennen wie die Bedürfnisse der Pflanzen. Die Etiketten und noch mehr die informierenden Texte in Pflanzenbüchern und auf Websites der Gärtnereien liefern dir alle nötigen Informationen.

Viel schwieriger ist es bei einem Besuch in Gärtnereien, Gartencentern oder Pflanzenmärkten, den vielen verlockenden Angeboten zu widerstehen. Lass dich nicht verführen! Oft werden dort auch die immer gleichen Standardpflanzen angeboten, wie Kirschlorbeer und Thuja, ergänzt durch jährlich wechselnde, neu gezüchtete Modepflanzen. Falle nicht auf diese bunten, üppig drapierten Verkaufstricks herein! Besorge dir stattdessen die Pflanzenarten, die sich im Umfeld deines Gartens und bei dir wohlfühlen – dazu kannst du gezielt beim Personal deines regionalen Pflanzenmarkts nachfragen. Je mehr Menschen nach heimischen und zu deiner Region passenden Pflanzen fragen, umso größer ist die Chance, dass dort von Jahr zu Jahr weniger Pflanzenmassenware und mehr heimische Qualität angeboten wird.

Nach dem Transport

Hast du deine Pflanzen ausgewählt, so transportiere diese auf schonende Weise nach Hause – also umfallsicher und bei angenehmen Temperaturen.

Im Garten angekommen, solltest du die neuen Mitbewohner vor einem Schock – etwa vor knallender Mittagssonne oder völlig ausgetrockneten Wurzelballen – bewahren. Stattdessen stellst du den Wurzelballen samt Topf solange in ein zimmerwarmes Wasserbad, bis keine Luftblasen mehr aufsteigen. Dann lässt sich der Wurzelballen leichter aus dem Topf lösen und in ein ausreichend großes Pflanzloch in die Erde setzen. Gut die Erde andrücken und angießen ist wichtig, damit die Wurzeln gleich guten Bodenanschluss finden.

Nur Echtes sollte in deinen Garten kommen: Echte Blüten können bestäubt werden und bilden Samen. Viele gezüchtete Pflanzen hingegen enthalten nur gefüllte Blüten, wertlose Attrappen.

Wer will mit?

Wenn du durch einen Pflanzenmarkt läufst, kannst du mit deiner inneren Stimme die Pflanzen einladen: „Wer will mit?" Und dann achte einmal darauf, welche Pflanzen dir in den Blick kommen …

Vom richtigen Abstand

Die meisten Pflanzen wollen nicht allein sein. Sie brauchen gleichermaßen die Gesellschaft von ihresgleichen wie von einer Vielfalt an anderen Pflanzenarten – allerdings: Zu dicht darf es auch nicht sein!

Unerwünscht?!
Verwende niemals Herbizide wie Glyphosat (Roundup®) oder 2,4-D (chemisch eng mit Agent Orange verwandt), um unerwünschte Pflanzen zu beseitigen. Du schadest damit auch den erwünschten Pflanzen sowie dem Ökosystem im Boden. Herbizide werden zudem durch den Wind überall hingeweht.

Pflanzen wollen nicht im Meterabstand zueinander aufgereiht wie Soldaten im Beet stehen, womöglich ohne irgendwelche Pflanzen an ihrem Fuß, nur umgeben von nacktem, offenem Erdboden, der sich in der Sonne gnadenlos aufheizt und auf den der Regen schutzlos prasselt, wie man es (leider) in so vielen lebensarmen Gärten sieht. Wohlstandsverwahrlost.

DIE NATUR ALS VORBILD

Die Wildkräuter machen es uns vor – sie nehmen jedes offene Fleckchen Erde in Beschlag, selbst die Fugen zwischen Bodenplatten oder Mauern, ja sogar die Regenrinne dient als beliebter Standort. Wenn man eine so natürlicherweise begrünte Fläche beobachtet, nimmt man rasch wahr, dass nicht alles groß wird, was da so gekeimt ist. Kaum sind die jungen Pflanzen den „Kinderschuhen" entwachsen, geht das Gerangel um jeden Zentimeter Boden los. Rasch haben sich aus der Schar der Jungpflanzen diejenigen Pflanzen breitgemacht, für die die Standortbedingungen zusammen mit der aktuellen Witterung ihrem persönlichen Optimum am meisten entsprechen. Die anderen Pflanzen nehmen nur kleine Bereiche ein oder gehen gar ein. Dies erlebst du auch beim Anlegen einer Blumenwiese oder beim Aussäen von Blumensamenmischungen – nicht alle werden zu stattlichen Pflanzen. Zudem verändert sich die Pflanzenzusammensetzung von Jahr zu Jahr, gemäß den jeweils herrschenden klimatischen Bedingungen. Denn Pflanzen brauchen bei offenem Zugang zum Licht einerseits genügend Platz für ihren Pflanzenkörper, aber sie werden andererseits in ihrem Ausbreitungsdrang durch die anderen Pflanzen eingeschränkt.

Der optimale Pflanzabstand hängt auch vom Boden ab: Ist er eher sandig oder nährstoffarm, brauchen die Pflanzen mehr Abstand als im nährstoffreichen Boden, der die Pflanzen schneller wachsen lässt.

Pflanzen gedeihen auch an Plätzen, an denen ein Überleben schier unmöglich erscheint – in Ritzen, Spalten und Fugen von Mauern, Boden- und Straßenbelägen.

Pflanzenleben ohne Stress

Für ein gutes Leben brauchen Pflanzen Licht, Wasser, Luft und Nährstoffe, die Gemeinschaft mit Pflanzen, Pilzen und Tieren sowie einen respekt- und achtungsvollen Umgang mit ihnen: Ein Aspekt, an den man im Zusammenhang mit Pflanzen nicht gleich denkt, betrifft das Thema Lärmbelästigungen.

Das Zusammenleben mit Pflanzen – egal ob im Pflanzgefäß oder im Garten – kannst du genauso gestalten wie mit tierischen und menschlichen Mitbewohnern: Man schaut, dass es allen gut geht und sie sich optimal entwickeln können, sorgt für nette (Pflanzen-)Nachbarn und sucht regelmäßigen Kontakt mit ihnen. Und gleichfalls reflektiert man im Zusammenleben mit anderen Lebewesen sein eigenes Tun und Verhalten gemäß dem Kant'schen Imperativ: „Was du nicht willst, das man dir tu' - das füg auch keinem andern zu." Gehe mit diesem ethischen Gedanken einmal durch deinen Garten und prüfe deinen Umgang mit den Pflanzen, dem Einsatz von igelschädigenden Mährobotern oder lärmenden Gartengeräten …

LÄRM STRESST

Mit mechanosensitiven Zellkanälen, die über den ganzen Pflanzenkörper verteilt sind, nehmen Pflanzen Schallwellen wahr. Studien zeigen, dass die Lautstärke auf Pflanzen wirkt: Bei leisen Tönen und Geräuschen treffen die Schallwellen sanft auf den Pflanzenkörper – dies bewirkt einen leichten Stress, der die Pflanzen „wach" hält und sie robuster macht. Robuste Pflanzen sind nicht nur gesünder, sondern können besser auf ungünstige Situationen wie Krankheitserreger, Schädlinge, Trockenheit oder Frost reagieren. Robuste Pflanzen bilden auch bessere Früchte. Laute Töne hingegen prallen mit voller Wucht auf Blätter, Stängel und Blüten. Je lauter und je länger Lärm andauert, umso gestresster fühlen sich Pflanzen – und

Probiere es aus!

Töne mit einer Frequenz von 220 bis 250 Hertz (Bienensummen) haben nachgewiesenermaßen einen positiven Einfluss auf Keimung und Wachstum von Pflanzen – möglicherweise auch sanfte Yogamusik oder klassische Musik von Mozart, Bach und Vivaldi.

1. Blüten hören genau, wenn sich eine summende Biene nähert.
2. Verzichte auf den Einsatz von lauten Rasenmähern, Trimmern, Laubbläsern & Co., verwende lieber Geräte ohne Motor.
3. Ein Grünes Heupferd ist auf einer Zinnienblüte gelandet.

Stress macht nicht nur Menschen, sondern auch Pflanzen krank. Versuche haben gezeigt, dass Tabakpflanzen bei Lärm um 40 % schlechter wachsen. Sorge daher für Ruhe im Garten: Verzichte auf laute Gartengeräte. Sieh stattdessen diese Arbeiten als meditatives, vielleicht auch sportliches Tun in Verbindung mit den Pflanzen: Verwende Handgeräte. Das kommt dann auch wieder den Pflanzen (und den Insekten, Vögeln etc.) zugute, denn wenn man diese Arbeiten von Hand verrichtet, verringert sich das Risiko von überpflegten Gärten.

Mögen Pflanzen Musik?

Dazu machte schon Charles Darwin (1809–1882) „närrische" Experimente mit einem Fagott, viele weitere, teils sehr verrückte Studien folgten bis heute. Positiven Effekt hat das Beschallen mit dem Zirpen von Heuschrecken und Grillen auf Gurken, Tomaten, Auberginen und Zuckermelonen, ebenso klassische Musik von Vivaldi, Mozart und Haydn auf Weintrauben. Rockmusik hingegen zeigte in Versuchen von Stefano Mancuso keine Wirkung auf Weintrauben, während Hard Rock die Pflanzen sogar kümmern ließ.

Blumensprache: Pflanzen locken mit ihren Blüten

Das schönste Ergebnis pflanzlicher Kommunikation sind die Blüten, entstanden im Zusammenspiel mit den bestäubenden Insekten. Ohne diese gegenseitige Beziehung würde es in unseren Gärten keine Blumen, Gemüse, Kräuter und auch kein Obst geben.

Tierliebe
Tu alles für einen insektenfreundlichen Garten – dazu gehört an erster Stelle der komplette Verzicht auf Insektizide, desweiteren ausnahmsloser Respekt und Achtung für jedes Insekt, auch wenn du nicht weißt, wozu es gut ist.

Über 80 % der heimischen Pflanzen und sogar über 90 % unserer Nutzpflanzen sind auf die Bestäubung durch Insekten angewiesen. Ohne Bienen, Schmetterlinge, Fliegen, Wespen und Käfer könnten sich fast alle Landpflanzen weder vermehren noch verbreiten. Blüten sind keine pflanzliche Zierde, sondern unterliegen einer wichtigen Funktion: Sie bilden Pollen (Blütenstaub) und Samenanlagen, die sich erst nach der Befruchtung durch Pollen zu Samen entwickeln. Damit dies überhaupt geschehen kann, muss der Pollen durch Bestäubung auf die Narbe gelangen. Bis vor 100 Millionen Jahren war der Wind der einzige Pollentransporteur – dann begannen erste Käfer und Fliegen diesen Dienst zu übernehmen und sammelten den offen angebotenen, nährenden Pollen, so entstand die Magnolie als eine der frühesten Blütenpflanzen.

PERFEKT AUFEINANDER ABGESTIMMT
Als dann Schmetterlinge und später Bienen auf der Bühne erschienen, haben sich die Blüten und diese Insekten durch feine Kommunikation perfekt in Form und Timing aneinander angepasst: Durch raffiniert gebaute, bunte Blüten locken die Pflanzen gezielt bestimmte Insekten an, damit diese den Pollen von Blüte zu Blüte transportieren. Der Vorteil für die Pflanze: Sie muss wenig Pollen produzieren. Um die Insekten für ihren Dienst zu belohnen, bieten ihnen die Blüten Pollen für den Eigenbedarf sowie süßen Nektar an. Eine Win-win-Situation für beide.

Blüten hören genau hin: Sobald sie das Summen einer Biene hören, erhöhen sie den Zuckergehalt im Nektar – so wird die Blüte zum unwiderstehlichen Anziehungsort für die bestäubenden Insekten!

INSEKTEN, DIE BLÜTEN BESTÄUBEN

DIE ALLERERSTEN: KÄFER

Käfer bestäuben vor allem flache, napf- bis scheibenförmige Blüten mit offen angebotenem Pollen und Nektar, Weichkäfer etwa die weißen Schirmdolden von Holunder und Petersilie, Pinsel- und Rosenkäfer die von Brombeeren und Wildrosen. Einer der schönsten heimischen Blütenbestäuber ist der Zierliche Prachtkäfer.

SCHWEBFLIEGEN: GUTE BESTÄUBER

Auch Fliegen, vor allem Schwebfliegen gehören zu den frühesten Blütenbestäubern. Sie besuchen einfach gebaute Scheiben- oder Napfblüten wie Doldenblüten, Korbblüten und Hahnenfuß, bei denen Nektar und Pollen leicht zugänglich sind, oder auch Blüten mit kurzen Röhren.

> Auf flachen, scheiben- oder schalenförmigen Blüten wie etwa denen von Doldenblütlern, Efeu, Feuerdorn oder Hoher Fetthenne finden sich auch Wespen als wichtige Bestäuber ein.

BIENEN: DIE SPEZIALISTEN

Die innigste Beziehung sind Blütenpflanzen mit den Bienen – Honig- und Wildbienen inklusive Hummeln – eingegangen. Apfel, Beinwell, Besenginster, Fingerhut, Glockenblumen, Löwenmäulchen und unzählige mehr mit weißen, gelben oder blauen Blüten sind Bienenblumen.

IM DUNKELN: NACHTFALTER

Neben 180 Tagfalterarten gibt es bei uns über 3500 verschiedene Arten an Nachtfaltern. Ihnen verdanken wir die intensiv nachtduftenden Blüten von Geißblatt, Nachtkerze, Phlox und Mondviole.

TAGFALTER: FÜR TIEFE BLÜTENKELCHE

Schmetterlinge tragen am Kopf einen langen, röhrenförmigen Saugrüssel, den sie spiralig einrollen können. Tagfalter besuchen vor allem scheiben- oder röhrenförmige Blüten in kräftigen Gelb-, Blau- und Rottönen.

LEBENSNOTWENDIGES NASS

Regenwasser ist durch seinen geringen Gehalt an gelösten Mineralien ein ganz besonderes Wasser, das du unbedingt für deine Pflanzen sammeln solltest.

BLÄTTER – EFFEKTIVE FABRIKEN

Die Grundlebensmittel

Die Grundbedürfnisse der Menschen gelten auch für Pflanzen: Neben Fortpflanzung und Ruhezeit sind Wasser, Nahrung und Atmung elementare Bedürfnisse, ohne die jede Pflanze zugrunde gehen würde.

Obwohl Pflanzen ihre Nahrung (Zuckerverbindungen) bei der Fotosynthese selbst produzieren, können sie dies nicht aus dem Nichts heraus. Vielmehr brauchen sie dazu als Energiequelle das Sonnenlicht sowie mehrere chemische Substanzen: Kohlenstoffdioxid (CO_2) aus der Luft und Wasser (H_2O) aus dem Boden, dazu noch verschiedene lebensnotwendige Mineralstoffe (siehe S. 54). Durch eine gute Versorgung mit Wasser (siehe S. 50) und der mineralstoffbereitstellenden Bodenlebewesen durch organisches Material beim Düngen (siehe S. 56) unterstützt du die Pflanzen, die du in deinem Garten in deine Obhut genommen hast.

SO MACHEN PFLANZEN AUS WASSER UND LUFT NAHRUNG

Das Chlorophyll (Blattgrün) macht die Pflanzen grün. Dieses komplexe Molekül hat die wundervolle Fähigkeit, das Sonnenlicht als Energiequelle für die Fotosynthese aufzunehmen – ohne dabei die Pflanze zu verbrennen. Das Licht setzt nämlich im Chlorophyll Elektronen frei und wird über eine Kettenreaktion schließlich in chemische Energie umgewandelt. Diese wird benötigt, um aus Kohlenstoffdioxid und Wasser Kohlenhydratverbindungen (Glukose) zu produzieren. Glukose ist eine Zuckerverbindung, aus der die Pflanzen alles herstellen, was sie zum Leben brauchen – Triebe, Blätter, Wurzeln, Holz, Blüten, Samen, Früchte und alle anderen Teile, die du an der Pflanze erkennst.

> Pflanzen sind die Basis allen Lebens auf der Erde: Sie versorgen alle Lebewesen mit Sauerstoff, nähren direkt und indirekt alle Tiere und Menschen und bilden (fast) alle belebten Lebensräume auf den Festländern. Auch deinen Garten gäbe es nicht ohne Pflanzen. Dafür sollten wir dankbar sein.

Lebensquelle Wasser

Der Körper aller Lebewesen besteht zum größten Teil aus Wasser. In den Leitungsgefäßen der Pflanzen fließt während der Vegetationsperiode ständig Wasser – und zwar gegen die Schwerkraft von den Wurzeln zu den Blättern.

Die Wurzelspitzen können im Untergrund fließendes Wasser „hören" und wachsen gezielt dorthin. Und an den Spaltöffnungen (Stomata) auf den Blattunterseiten verdunstet permanent Wasser – darum ist es im Umfeld von Pflanzen an heißen Sommertagen so angenehm küh und deshalb wird die Stadt der Zukunft in Zeiten des Klimawandels eine üppig begrünte sein. Sobald das Wasser knapp wird, senden die Wurzeln dies über elektrische Signale zu den Blättern. Diese Kommunikation ist zwar nicht so schnell wie die in tierischen und menschlichen Körpern, aber innerhalb weniger Minuten erreichen diese Signale die Blätter, die daraufhin die Spaltöffnungen schließen. Nun kann die Pflanze zwar kein Wasser mehr durch Verdunstung verlieren, aber es erreicht auch kein Kohlenstoffdioxid mehr die Fotosyntheseorte: Die Stoffproduktion kommt zum Erliegen. Darum müssen die Pflanzen an heißen Tagen in trockenen Perioden stets abwägen zwischen Wasserverlust und Kohlenstoffdioxidbedarf – du ahnst, worauf dies hinauslaufen wird, wenn das Klima trockener werden sollte: Pflanzen mit gutem Transpirationsschutz wie Haaren (siehe S. 24) sind dann im Vorteil, ebenso solche, deren Wurzeln innig mit Mykorrhizapilzen (siehe S. 78) umgeben sind.

RICHTIG GIESSEN

Damit die Wurzeln dem Boden Wasser entnehmen können, solltest du zunächst dafür sorgen, dass der Boden in deinem Garten ein optimales Wasserhaltevermögen aufweist – schließlich besteht ein gesunder Boden zu ungefähr einem Viertel aus mit Bodenwasser gefüllten Poren (etwa die Hälfte sind mineralische Bestandteile, ein weiteres Viertel luftgefüllte Poren). Dazu erhöhst du den Anteil an organischem Material (Kompost) in sandigen Böden, umgekehrt den Anteil an Sand in schweren Böden. Regenwürmer und andere Bodenlebewesen lockern den Boden und damit den Porenanteil. Durch Bedecken des Bodens (siehe

1. Eine Mulchschicht reduziert das Verdunsten von Wasser aus dem Boden.

2. Durch die Löcher im Gefäßboden kommt das Wasser direkt zu den Wurzeln.

3. In einem großen, mit einem Deckel verschlossenen Holzfass wird das Regenwasser gesammelt.

S. 58) oder Beschattung verdunstet weniger Wasser aus dem Boden – auch davon profitieren die Pflanzen.

Damit die Wurzeln der Pflanzen nicht nah der Bodenoberfläche bleiben, sondern in die Tiefe wachsen, sollte sich dort nach dem Gießen das Wasser befinden. Gieße darum …

— … seltener, aber dafür stets durchdringend und länger – also zum Beispiel alle drei Tage etwa 20 Liter pro Quadratmeter.

— … mit einem Schlauch nur das Erdreich und nicht über die Blätter, am besten am frühen Morgen und niemals in der Mittagshitze.

Das beste Wasser

Baue einen Regenwassersammler („Regendieb") in die Fallrohre ein: Dadurch fließt das Regenwasser nicht ungenutzt in den Boden, sondern du kannst es direkt für den Garten nutzen, wo es im Boden bestens gespeichert wird.

Licht und Luft

Pflanzen sind die ältesten Fotovoltaik-„Anlagen" der Erde, denn sie nutzen die Energie des Sonnenlichts schon seit Hunderten von Millionen Jahren. Zum Atmen brauchen Pflanzen zudem genügend Luft – ober- und unterirdisch!

Mit verschiedenen Lichtrezeptoren nehmen Pflanzen Licht sehr differenziert wahr (siehe S. 12) – nicht nur, woher es kommt, sondern auch verschiedene Lichtqualitäten: Mittels Phytochromen können Pflanzen besonders gut hellrotes (Wellenlänge 660 nm) von dunkelrotem Licht (730 nm) unterscheiden. So erkennen Pflanzen ganz genau, wie lange die Nacht dauert – denn an jedem Abend ist nach dem Sonnenuntergang das dunkelrote Licht nach dem hellroten als letztes wahrnehmbar, am Morgen ist es umgekehrt, das dunkelrote Licht ist das allererste, gefolgt vom hellroten. Die hellrot-dunkelrot-empfindlichen Phytochrome nehmen abends nach dem Dunkelrot kein Licht mehr wahr, morgens hingegen nach dem Dunkelrot das Hellrot – und diese Lichtimpulse genügen, um der Pflanze rund ums Jahr die genaue Länge der Nacht mitzuteilen. Darum „schießen" Salate im Sommer – und darum tust du deinen Pflanzen keinen Gefallen mit nächtlicher Beleuchtung, und sei sie noch so romantisch (siehe S. 12): Für die Pflanzen ist Licht schlichtweg ein Signal, so wie für uns eine Ampel.

LUFT ZUM ATMEN

Sowohl an den Spaltöffnungen (Stomata) der Blätter als auch im Bereich der Wurzelhaare atmen Pflanzen – tagsüber atmen sie an den Stomata reichlich Kohlenstoffdioxid ein und Sauerstoff aus. Nachts jedoch, wenn die Fotosynthese stoppt, verbrauchen die Pflanzenzellen bei ihren Stoffwechselprozessen etwas Sauerstoff. Darum atmen sie dann in sehr geringem Maße an den Stomata Sauerstoff ein und Kohlenstoffdioxid aus, ebenso tun sie dies an Wurzelhaaren im Bereich der mit Luft gefüllten Bodenporen. Ohne luftgefüllte

Eine Pflanze weiß genau, welche Jahreszeit gerade herrscht und welche Entwicklung ansteht, also Wachstum, Blütenbildung, Frucht- und Samenbildung oder Vorbereitung auf den Winter.

Bodenporen, wie sie auch bei Staunässe auftreten, wenn alle Poren mit Wasser gefüllt sind, gehen Pflanzen ein. Darum ist ein lockerer Boden, dessen Poren je zur Hälfte mit Wasser und Luft gefüllt sind, für Pflanzen lebensnotwendig. Und darum können in staunassen Böden wie etwa im Teich oder Sumpfbeet nur spezielle, daran angepasste Pflanzen überleben. Um den Boden schön locker zu erhalten, förderst du den Weltmeister unter den Bodenlockerern, den Regenwurm, oder greifst zur Grabegabel (siehe S. 58). Verzichte möglichst auf das Befahren des Bodens mit schweren Geräten!

Genügend Luft rundherum brauchen auch viele Pflanzen: Wurden sie etwa zu eng gepflanzt, kann nach einem Regen das Wasser nicht schnell genug auf den Blattflächen abtrocknen – dann machen sich gern Pilze breit.

Ab ins Licht!

Von vielen Gartenpflanzen gibt es Sorten mit grün-weißen oder grün-gelblichen Blättern. Diese panaschierten Blätter besitzen chlorophyllfreie Bereiche, in denen die Pflanze mangels Chlorophyll keine Fotosynthese betreiben kann. Um dennoch ausreichend Nahrung herstellen zu können, brauchen diese Pflanzen einen helleren Standort als die nichtpanaschierten Artgenossen.

Mineralstoffe zum Leben

Von Wasser, Licht und Luft allein können Pflanzen nicht leben – sie benötigen zudem noch verschiedene essenzielle Nährstoffe wie Stickstoff, Phosphor und andere. Ohne diese Nährstoffe darbt eine Pflanze oder geht sogar ein.

Pflanzen beziehen die lebensnotwendigen Mineralstoffe – Stickstoff, Phosphor, Kalium, Magnesium, Kalzium und Schwefel sowie die nur in Spuren benötigten Mikronährstoffe Eisen, Zink, Bor, Kupfer, Nickel, Molybdän und Mangan – aus dem Boden, denn sie können diese nicht selbst herstellen. Ein gesunder, lebendiger Boden enthält all diese Mineralstoffe. Allerdings kommen sie darin nicht frei vor, sondern sind meist in einer chemisch nicht aktiven Form organisch (z. B. an Humus), mineralisch (z. B. an Gestein) oder an Bodenteilchen (z. B. Tone) gebunden. Das ist auch gut, denn sonst würde jeder Niederschlag sie fortschwemmen. Nur ein sehr geringer Anteil kommt gelöst im Bodenwasser vor, als negativ geladene Anionen (Nitrat, Phosphat) oder positiv geladene Kationen (Ammonium, Eisen). Nur solche Ionen können passiv über Diffusion oder aktiv über den Transport durch Membranen von den Wurzelhaaren aufgenommen werden.

WIE FINDEN PFLANZEN MINERALSTOFFE IM BODEN?

Ganz einfach, sie „schmecken" sie. In den Wurzelspitzen sitzen bestimmte Proteine auf den Zelloberflächen, die Chemorezeptoren, und diese sind so empfindlich, dass sie sogar geringste Spuren der Ionen in etlichen Kubikmetern Boden aufspüren. So wachsen die Wurzelspitzen gezielt zu ihren Nahrungsquellen hin.

EIN TEAM: PFLANZEN UND PILZE

Es gibt noch eine weitere Art und Weise, wie Pflanzenwurzeln sich mit den lebensnotwendigen Mineralstoffen versorgen – durch enge Zusammenarbeit und Kommunikation mit Pilzen (siehe S. 78) und Mikroorganismen im Boden, allen voran mit Bakterien. Benötigen die Wurzeln bestimmte Mineralstoffe, so scheiden die Wurzeln gezielt chemische Substanzen – beispielsweise Essig- oder Apfelsäure – aus, die jeweils bestimmte Bakterien in den Wurzelraum anlocken. Diese Bakterien bauen dann diejenigen der organisch, mineralisch oder an Bodenteilchen gebundenen Mineralstoffe so um, dass sie chemisch aktiv und von den Wurzeln aufgenommen werden können. Zur Wachstumszeit im Frühjahr brauchen Pflanzen vor allem Stickstoff, um Blüten und Früchte zu bilden und zu reifen, jedoch Phosphor und Kalium, um winterhart zu werden.

HAUPTNÄHRSTOFFE DER PFLANZEN

Nährstoff	Wozu nötig?
Stickstoff (N)	Baustein von Proteinen (Eiweiß) und Blattgrün (Chlorophyll), fördert Wachstum
Phosphor (P)	Baustein der Erbsubstanz (DNS), von Enzymen und Energieträger, fördert Bildung von Blüten und Früchten (Reife)
Kalium (K)	zur Regulierung des Wasserhaushalts, zum Stofftransport, zur Verfestigung des Gewebes (macht Pflanzen frostfest)
Magnesium (Mg)	zentrales Element im Blattgrün, für Stoffwechselprozesse
Kalzium (Ca)	Bestandteil der Zellwände, für Stoffwechselprozesse
Schwefel (S)	für Aufbau von Proteinen und Enzymen

Die Wurzeln geben den Pflanzen nicht nur Halt im Boden, sondern versorgen sie auch mit Wasser und Nährstoffen.

Der Regenwurm, Meister im Lockern des Bodens, scheidet wertvolle Ton-Humus-Krümel aus.

1

2

3

RICHTIG DÜNGEN

Wenn du beim Düngen alles richtig machen willst, dann ernährst du die Bodenorganismen – denn diese sind seit Millionen Jahren die Spezialisten, wenn es um das Herstellen von pflanzenverfügbaren Nährstoffen geht. Ein gesunder Boden besteht ungefähr zur Hälfte aus mineralischer Substanz und je zu einem Viertel aus Bodenwasser und Bodenluft. Die organische Substanz, also Wurzeln, Bodenorganismen und vor allem tote Biomasse, macht ungefähr 7 % aus. All diese Substanzen zusammen bilden ein komplexes Ökosystem, in dem die Bodenlebewesen die tote Biomasse zu Nährstoffen abbauen, die dann wiederum von den Pflanzenwurzeln aufgenommen werden. So schließt sich der große Stoffkreislauf von Werden und Vergehen.

Bodenorganismen – was ist das?

Zu den Bodenorganismen gehören neben den Bakterien, Pilzen und Algen noch die Bodenfauna – das sind Regenwürmer, verschiedene Einzeller, Rädertierchen, Faden- und Strudelwürmer, Milben, Springschwänze, Schnecken, Asseln, Hundert- und Tausendfüßer sowie verschiedene Insekten und Larven. Das ist sozusagen das Küchenpersonal der Pflanzen, denn sie stellen deren lebensnotwendige Mineralstoffe her. Und bei ihrer Tätigkeit räumen sie auch noch gleich den „Müll" aus Falllaub, abgestorbenen Pflanzen und deren Teilen, Kot, Aas und weitere organische Substanzen durch Auffressen auf. Optimales Düngen der Pflanzen besteht darin, diesem Küchenpersonal organische Materialien zur Verfügung zu stellen, zum Beispiel als Kompost, Falllaub, Mulchschicht und Gründüngung (siehe S. 58), Pflanzenjauchen, Hornprodukte und ähnliches.

1. Komposthaufen
2. Stickstoff und Kalium sind Gegenspieler: Enthält der Boden viel Stickstoff, kann die Pflanze nur wenig abhärtendes Kalium aufnehmen. Damit die Pflanzen im Winter frosthärter sind, wird ab August nicht mehr gedüngt.
3. Die spaghettiförmigen Kothäufchen der Regenwürmer sind ein super Dünger.
4. Organischer Dünger

Gute Düngepraxis mit organischen Düngern

Mit der Bereitung von eigenem Kompost aus in Küche und Garten anfallenden Pflanzenresten ahmt man den natürlichen Nährstoffkreislauf nach. Es reicht in der Regel, wenn du einmal im Frühjahr den Boden in deinen Beeten mit Kompost versorgst – dazu arbeitest du etwa 3 Liter Kompost in einen Quadratmeter Boden ein, das genügt für eine ganze Vegetationsperiode.

Auch Hornspäne und Hornmehl enthalten reichlich Stickstoff und Phosphor – je feiner sie sind, umso rascher stehen die enthaltenen Mineralstoffe den Pflanzen zur Verfügung. Algendünger enthält viel Kalium, Magnesium und Spurenelemente. Beim Ausbringen solltest du dich strikt an die Angaben auf der Packung halten. Denn auch bei organischen Düngern gilt: Viel hilft nicht viel, sondern ist eher ungünstig. Verzichte aus ökologischen Gründen auf echten Guanodünger. Nimm stattdessen lieber regionalen Biogeflügelmist – der wirkt genauso.

Aus verschiedenen Wildkräutern wie Brennnesseln, Löwenzahn, Beinwell oder Acker-Schachtelhalm kannst du Pflanzenjauchen herstellen: 1 kg frische oder 100 bis 200 g getrocknete, kleingeschnittene Kräuter in 10 l Wasser (Gefäß aus Holz, Steingut, Ton, PE – kein Metall! – geben, abdecken und täglich umrühren, bis es zu gären beginnt. Um den Gestank zu binden, kannst du Urgesteinsmehl unterrühren. Nach zwei bis drei Wochen ist die Gärung beendet und es bildet sich kein Schaum mehr. Dann kannst du die Jauche 1 : 10 in Wasser verdünnt ausbringen.

Kunstdünger, nein danke!

Nur 30 bis 50 % des in den Kunstdüngern enthaltenen Stickstoffs wird von den Pflanzen aufgenommen, der Rest wird als schädliche Nitrate ins Grundwasser gespült. Die massiv stickstoffüberdüngten Böden haben weltweit die Ökosysteme aus den Fugen geworfen. Von Kunstdüngern kann sich kein Bodenlebewesen ernähren und eine gute Bodenstruktur bewirken sie ebenfalls nicht. Kunstdünger bestehen aus verschiedenen Salzen, die im Bodenwasser zu Ionen zerfallen. Diese Ionen werden von den Wurzeln aufgenommen – und zwar unkontrolliert.

Gesunder Boden

In der obersten, bis zu 30 cm dicken Bodenschicht findet ein reiches Bodenleben statt. Hier liegt die „Küche" der Pflanzen, hier findet über das Pilzgeflecht die Kommunikation in alle Richtungen statt und hier liegt auch das Immunsystem der Pflanzen.

Da für die Pflanzen diese oberste Bodenschicht, der Mutterboden, besonders wichtig ist, solltest du dich ganz besonders gut um ihn kümmern. Denn in einem verdichteten und schlecht durchlüfteten Boden nimmt das Bodenleben rapide ab, ebenso wie in einem Boden, der mit Kunstdünger, Unkraut- und Pilzvernichtungsmitteln (Herbiziden, Fungiziden) oder Schädlingsbekämpfungsmitteln (Insektizide) behandelt wurde. Sorge deshalb für einen lockeren, organisch gedüngten Boden und verzichte konsequent auf den Einsatz von chemischen Mitteln.

WELLNESS FÜR DEN BODEN

Auf verschiedene Weise kannst du deinem Gartenboden etwas Gutes tun.

Boden bedecken

Offen daliegender Boden ist schutzlos Winden, Niederschlägen, Sonne und Hitze ausgesetzt – das dezimiert die Bodenlebewesen, der Boden wird von Wind und Wasser abgetragen, trocknet aus. Darum sorge dafür, dass der Boden das ganze Jahr über bedeckt ist: von einer Pflanzendecke – beispielsweise aus Bodendeckern, Wildkräutern oder Gründüngungspflanzen –, von einer natürlichen Falllaubschicht oder einer ausgebrachten organischen Mulchschicht. Gründüngungspflanzen werden von Frühling bis Herbst ausgesät und später, beispielsweise mit einem Krail, in die obersten Bodenschichten eingearbeitet. Dort ernähren sie die Bodenlebewesen. Mulchmaterialien werden als bis zu 3 cm dicke Schicht auf dem Boden ausgebracht. Du kannst als Mulch angetrockneten Rasen- und Blumenwiesenschnitt, zerkleinerte Reste von Gründüngung, Gemüse, Kräuter und Blumen, Brennnesseln, Herbstlaub, halbreifen Kompost und Stroh verwenden. Verzichte auf Mulchpapiere, Kokosdecken und Kartonagemulch, denn diese ernähren die Bodenlebewesen nicht.

Boden lockern statt umgraben

Durch achtsame Bearbeitung des Bodens bleibt die natürliche Schichtung des Bodens erhalten.

Gesunder Boden – gesunde Pflanzen

1. Der Boden will die Sonne nicht sehen: Bodendecker erledigen dies das ganze Jahr über.
2. Gründüngungspflanzen blühen nicht nur schön, nach dem Abblühen werden sie als Dünger in den Boden eingearbeitet.
3. Lockern statt umgraben!

Abgesehen von außerordentlich schweren oder nach Baumaßnahmen und Befahren mit schwerem Gerät stark verdichteten Böden ist das früher für den Herbst empfohlene spatentiefe Umgraben kontraproduktiv. Es genügt, wenn du den Boden mit der Grabegabel lockerst. Dazu stichst du diese alle 10 cm in den Boden und bewegst sie lockernd hin und her. Noch besser lockern Regenwürmer den Boden – wenn du diese gut ernährst, erledigen sie diese anstrengende Arbeit für dich und hinterlassen einen feinkrümeligen Boden.

Schneiden ohne Schere?

Ja, das funktioniert tatsächlich. An Allee- und Straßenbäumen kannst du beobachten, dass die Äste der Kronen dort aufhören, weiter in die Länge zu wachsen, wo sie regelmäßig von LKW gestreift werden.

Pflanzen besitzen mechanosensitive Ionenkanäle in ihren Zellen, die auf Berührungen jeglicher Art reagieren, die Schallwellen (Töne, siehe S. 12) sowie etwa über den Boden verbreitete Schwingungen wahrnehmen. So bekommen Pflanzen mit, wenn sich ihnen etwas Großes nähert, vielleicht sogar deine Fußtritte beim Laufen durch den Garten.

Jede Pflanze besitzt unzählige dieser Mikroempfänger, die über (fast) den ganzen Pflanzenkörper verteilt sind und (fast) die ganze Pflanze berührungssensibel machen. Diese dezentrale Lage hat einen großen Vorteil: Ein pflanzenfressendes Tier, egal ob knabbernde Raupe oder Schaf, oder Schnittmaßnahmen können eine Pflanze nicht ihrer ganzen Sinne berauben.

Über diese berührungsempfindlichen Sensoren erhält eine Pflanze weitere Informationen, die ihr Wachstum beeinflussen: Wird eine Pflanze, so wie die Straßenbäume von vorbeifahrenden LKW, ständig an bestimmten Stellen gestreift, so wächst sie in diese Richtung immer weniger – sie sorgt dafür, dass sie nicht ständig Berührungsreize abbekommt. Auch der Wind hat eine ähnliche Wirkung: Bäume, die stets aus derselben Richtung von Winden angeblasen werden, werden schief. Stän-

> **Pflanzen stärken durch Streicheln**
>
> US-Forscher fanden heraus, dass gestreichelte Pflanzen robuster und widerstandsfähiger sind als nicht gestreichelte. Diese weisen nämlich den 2,5-fachen Gehalt an Jasmonsäure, einer wichtigen Verteidigungssubstanz, auf. Sie macht die Pflanzen abwehrbereit gegen pathogene Pilze und Bakterien sowie Schädlinge. Genauso wirkt regelmäßiges Besprühen mit Wasser.

1. Pflanzen wie diese Erbsen spüren genau, wo sie Halt finden, und wachsen gezielt dorthin.
2. Du erinnerst dich: Pflanzen mögen keinen Lärm. Statt Schneiden mit der lautlosen Schere wäre häufiges Darüberstreifen auch eine Schnittmethode.

dige Reize auf die mechanosensitiven Kanäle bewirken auch, dass die Pflanzen zwar kleiner bleiben, aber gleichzeitig kräftiger werden. So bilden etwa Bäume dort, wo jedes Jahr viele Monate lang Schnee auf den Ästen liegt oder die jedes Jahr schwere Früchte tragen, verstärkte Äste aus, die die Lasten besser tragen können.

GARTENPFLEGE DURCH BERÜHREN

Durch regelmäßiges Streicheln oder einen beständigen Luftstrom über die obersten Pflanzentriebe kannst du – ohne Schere – erreichen, dass deine Pflanzen nicht höher als gewünscht werden und gleichzeitig dichter und kompakter wachsen. Die Pflanzen spüren die Berührung und richten ihren Wuchs danach. In Gärtnereien erhält man so Basilikumpflanzen (das Streicheln übernimmt ein mechanischer Besen) oder Futterkräuter für Nagetiere, die sich mit kleinem, kompaktem Wuchs besser verkaufen. Auch Heckenpflanzen wachsen nicht so ausladend, wenn du sie durch regelmäßiges Entlangstreifen durch Berührung „schneidest". Laut Forschungsergebnissen der Rice University Houston, Texas, führt schon nur dreimaliges Streicheln pro Tag zu sichtbaren Veränderungen des Wuchses.

FÜR GLÜCKLICHE PFLANZEN UND GÄRTNER

Im Garten kannst du noch mehr tun, um den Pflanzen zu dienen: Apfelbäumen beispielsweise tut es gut, wenn ihre Krone schön luftig ist – dazu entfernst du nicht nur jährlich die senkrecht nach oben wachsenden Wasserschosser, sondern auch zu dicht stehende Äste und Zweige. Beim regelmäßigen Gang durch den Garten kannst du auch abgestorbene Triebe entfernen und sie, sofern sie keine Krankheiten aufweisen, auf einem Reisighaufen als wichtigen Lebensraum für Kleintiere sammeln. Dabei entgehen dir auch nicht die unterschiedlichen tierischen Besucher der verschiedenen Pflanzen – und mit Rücksicht auf deren Belange kannst du hier und da konkurrierende Pflanzen entfernen. Manche Rosen und andere

Wenn sich die Blüten der Apfelbäume öffnen, dürfen alle kälteempfindlichen Pflanzen wie Tomaten oder Kübelpflanzen ins Freie.

Blühpflanzen kannst du anregen, ein zweites Mal zu blühen, indem du die abgeblühten Blüten entfernst – wohl wissend, dass sich daraus nun keine Samen und Früchte bilden können.

VOM RICHTIGEN ZEITPUNKT

Wenn du die Körpersprache der Pflanzen wahrnimmst, gibt dir das gute Hinweise darauf, was nun im Garten zu tun ist. Diese Körpersprache dient als Grundlage für den phänologischen Arbeitskalender.

Beim Gärtnern kannst du dich nicht auf den Kalender verlassen, denn nicht nur von Ort zu Ort, auch von Jahr zu Jahr herrscht zu jedem Zeitpunkt eine andere Witterung. Mal startet der Frühling im März bei milden Temperaturen, mal ist es dann noch richtig winterlich – mal haben wir einen goldenen Oktober, mal ist er nass und kühl. Pflanzen nehmen über ihre Sinne Licht, Temperatur, Feuchtigkeit und andere Wetterfaktoren sehr differenziert und genau wahr, um sich mit den Jahreszeiten zu synchronisieren. Darum haben Klima und Wetter einen enormen Einfluss auf den Zustand der Pflanzen – und so verwundert es nicht, dass dieser am selben Ort von Jahr zu Jahr durchaus vier Wochen schwanken kann. Da macht es wenig Sinn, gärtnerische Arbeiten wie Säen, Mähen usw. strikt nach dem Kalender zu erledigen. Besser ist, wenn du dich an der tatsächlichen Entwicklung der Pflanzen orientierst, die an jedem Ort für sich genommen recht synchron verläuft.

Der phänologische Kalender

In diesem Kalender entsprechen die zehn verschiedenen Jahreszeiten den zehn verschiedenen Vegetationsphasen der Pflanzen. Dieser Kalender basiert auf der jahrhundertelangen Bewirtschaftung der Felder durch die Bauern, festgehalten auch in Bauernregeln wie „Wenn die Birke Kätzchen hat, ist es Zeit zur Gerstensaat" – und er ist auch gültig in Zeiten des Klimawandels. Als Orientierung dienen recht einfach zu beobachtende Zeichen der Pflanzensprache wie Blühbeginn, Fruchtreife oder Laubfärbung.

GARTENARBEITEN IM TAKT DER PFLANZENSPRACHE

Jahreszeit	Pflanzen	Was ist zu tun?
Vorfrühling	Schneeglöckchen und Haselsträucher blühen	– die beste Zeit, um Gehölze zu schneiden – Bodenuntersuchung in Auftrag geben
Erstfrühling	Zuerst: Forsythien und Schlehen blühen	– Rosen zurückschneiden – schützende Laubschicht von Beeten abräumen – Beete lockern und flächendeckend Kompost ausbringen – Stauden und Monatserdbeeren pflanzen und säen – Direkt ins Gemüsebeet säen: Erbsen, Karotten, Kohlrabi, Mangold, Radieschen, Rettich, Rote Bete, Salate, Spinat – Pflanzzeit für Obst-, Zier- und Klettergehölze
	Später: Ahorne und Stachelbeeren blühen	– robustes vorgezogenes Gemüse ins Freiland auspflanzen: Grünspargel, Kohl, Kohlrabi, Lauch, Salate, Topinambur – Lavendel um ein Drittel bis zur Hälfte zurückschneiden
Vollfrühling	Apfelbäume, Flieder und Rosskastanien blühen	– Rasen neu anlegen oder Blumenwiese aussäen – auf freien Flächen Gründüngung einsäen – kälteempfindliche Busch- und Stangenbohnen, Mais, Brokkoli und Chicoree im Freiland säen
Frühsommer	Schwarzer Holunder blüht	– Gehölze durch Stecklinge vermehren – Herbststauden pflanzen
Hochsommer	Lindenbäume blühen, Getreidefelder werden gelb	– zum letzten Mal in diesem Jahr düngen – erste Mahd der Blumenwiese – Sommerschnitt der Obstbäume
Spätsommer	Heide blüht und die Früchte der Ebereschen erscheinen	– beste Schnittzeit für immergrüne Hecken – Pflanzzeit für Schwertlilien, Königslilien, Madonnenlilien – Pflanzzeit für Nadelgehölze
Frühherbst	Herbstzeitlose blüht, Früchte vom Schwarzen Holunder sind reif	– Blumenwiese zum zweiten Mal mähen – Stauden teilen und pflanzen – letzter Aussaattermin für zweijährige Sommerblumen – im Frühling blühende Blumenzwiebeln pflanzen – Knoblauch stecken
Vollherbst	Früchte der Eichen und Rosskastanien sind reif und fallen herab, Herbst-Astern blühen	– zweiter guter Termin, um einen Rasen neu anzulegen – restliche Tomaten abernten, grüne Früchte drinnen nachreifen lassen – Rosen pflanzen
Spätherbst	Blätter fallen von Bäumen und Sträuchern	– frostempfindliche Pflanzen mit Reisig oder Laub abdecken – spätestens jetzt Kübelpflanzen einräumen – Laub liegen lassen, nur von Weg-, Rasen- und Teichflächen entfernen, auf Laubbläser verzichten!
Winter	Winterweizen läuft auf, Laub der späten Apfelbäume und der Eichen fällt herab	– Wichtige Ruhezeit! – an frostfreien Tagen immergrüne Pflanzen gießen

MIT CHEMISCHEN WAFFEN

Die Wurzeln der Echten Walnuss scheiden Substanzen aus, die das Wachstum anderer Pflanzen hemmen. Und wenn die Blätter herabfallen, gelangen deren hemmende Inhaltsstoffe ebenfalls in den Boden.

MINZEN WACHSEN LIEBER ALLEIN

Gute Nachbarschaft

Auch dies ist mittlerweile anerkannt: Pflanzen sind soziale Wesen, die die Gesellschaft mit ihresgleichen und vielen anderen Pflanzen, aber auch Mikroorganismen, Pilzen und sogar Tieren brauchen. Für die allermeisten Pflanzen ist Monokultur ein unerträglicher Zustand.

Monokultur – nein danke! Weil es für Pflanzen so unnatürlich ist, auf großer Fläche nur in einer einzigen Art zu wachsen wie etwa im englischen Zierrasen, Mais- oder Getreidefeld, bedarf es eines so hohen Aufwandes, um diesen Zustand gegen die Natur der Pflanzen aufrechtzuerhalten. Falls du einen Zierrasen in deinem Garten hast, kennst du dessen enormen Pflegebedarf …

PFLANZEN ERKENNEN FREUNDE UND KONKURRENTEN

Pflanzen wissen ganz genau, welche Pflanzen rundherum wachsen. Im Boden nehmen die feinen Wurzelfasern Kontakt mit den Wurzeln benachbarter Pflanzen in Reichweite auf, mit weiter entfernten Pflanzen verbinden sie sich über das Pilzmyzel (Mykorrhiza, siehe S. 76). Wurzelfasern können klar unterscheiden zwischen eigenen und fremden Wurzeln, und sie erkennen auch, ob die fremden zu einer Pflanze derselben oder einer anderen Art gehören – wie sie das machen, wissen wir noch nicht.
Doch nicht alle Pflanzen sind miteinander befreundet und unterstützen sich sogar gegenseitig (siehe S. 72 ff.) – nein, es gibt auch unliebsame Konkurrenten um Platz, Licht, Wasser und Mineralstoffe. Manche Pflanzen mögen tatsächlich auch lieber allein bleiben: Sie halten sich über von den Wurzeln abgegebene chemische Signal- und Botenstoffe konkurrierende Wurzeln vom Hals und schaffen sich mehr Raum für die eigene Entfaltung. Paradebeispiele dafür sind Wermut und Walnussbaum, deren Wurzelausscheidungen so „scharf" sind, dass kaum eine Pflanze in deren Wurzelbereich gedeihen kann. Auch Minzen bleiben lieber unter sich und bilden dichte Bestände, sie vertreiben unliebsame Nachbarn über ausgeschiedene ätherische Minzöle. Die darin enthaltenen Substanzen stoppen das Wachstum frisch gekeimter Samen, etwa von Ackerwinden.

> »Traue keinem Garten, in dem kein Unkraut wächst.«
>
> www.gartenjournal.net

Ein pflanzlicher Warnstoff ist β-Ocimen, das auch in Studentenblumen (Tagetes) enthalten ist. Wenn du Tagetes in oder um deine Gemüsebeete und Staudenrabatten pflanzt, kannst du deine Gartenpflanzen auf natürlichem Wege wehrhafter machen.

PFLANZENTALK

Pflanzen sind nicht stumm, auch wenn wir ihre Sprache nicht hören können und erst langsam beginnen, sie zu verstehen. Seit jeher tauschen sich Pflanzen untereinander aus, über ihre direkt oder mittels Pilzmyzel vernetzten Wurzeln sowie über chemische Duftstoffe in der Luft. Das sind die Themen, über die Pflanzen miteinander „reden":

— **Gesundheit:** Pflanzen nehmen wahr, wenn eine Pflanze in der Nachbarschaft krank ist. Sie riechen es. Kranke oder von Schädlingen befallene Pflanzen bilden nämlich andere Duftstoffe als gesunde. Empfängt eine Pflanze diese Duftstoffe, so setzt bei ihr sofort eine Immunreaktion ein und sie fährt ihre Abwehrmaßnahmen hoch.

— **Feindliche Attacken:** Saugen oder knabbern Blattläuse, Käfer oder gar größere Tiere an Blättern, Trieben oder Zweigen herum, ist Alarmstufe Rot angesagt. Pflanzen nehmen das Gefressenwerden nämlich nicht einfach so regungslos hin, wie wir das denken. Wird eine Pflanze von einem unwillkommenen Kostgänger heimgesucht, ergeht sofort ein chemischer Hilfeschrei an die Umgebung – und zwar in Form von einem heftigen Schwall an nach Menthol, Harz, Limonen oder anderen Terpenen duftenden Warnstoffen in alle Richtungen. Diese Duftstoffe machen die restlichen Pflanzenteile und auch die Nachbarpflanzen etwa durch Einlagern von bitteren Gerbstoffen wehrhafter und locken sogar gezielt Fressfeinde herbei (siehe S. 88).

— **Sex:** Auch für Pflanzen ist es wichtig, den richtigen Zeitpunkt zu erwischen. Egal ob mit Wind- oder Insektenbestäuber, sie müssen genau dann blühen und den Pollen entlassen, wenn auch die Artgenossen ihre Blüten öffnen. Sonst wird das nichts mit der Nachkommenschaft in diesem Jahr. Darum verströmen bestäubungsbereite Pflanzen ein deutliches Signal in Form von Duftstoffen (meist leicht flüchtige ätherische Öle, die auch unsere Nasen mögen), das über die Luft zu den Artgenossen gelangt. Das Aufblühen selbst wird arttypisch durch bestimmte innere Faktoren, wie dem Alter der Pflanze, und äußere Faktoren, wie Temperatur und Länge der Nacht (Kurztag- und Langtagpflanzen), ge-

Pflanzen-alarm!

Die raupenähnlichen Larven der Stachelbeerblattwespe tun sich an einem Stachelbeerblatt gütlich.

regelt. Bei Pflanzen, die von Insekten bestäubt werden, spielt zusätzlich noch eine Rolle, wann diese Blütenbestäuber überhaupt unterwegs sind.

ZWISCHENPFLANZLICHES & PFLANZEN-WGS

Bei so einem komplex geregelten Zusammenleben haben Pflanzen einen klaren Vorteil, die sich schon lange kennen – etwa, weil sie natürlicherweise schon lange am selben Standort siedeln. In unseren Gärten sind dies beispielsweise die heimischen Wildkräuter, die sich – gern als Unkraut verschrien – von selbst ausbreiten (siehe auch Zeigerpflanzen S. 31). Auch Spaziergänge mit offenen Augen in der Natur verraten dir natürliche Pflanzenfreundschaften, wie sie in Feldgehölz- und Hecken-, schattigen Waldraum- und sonnigen Wiesen-, feuchten Sumpf- und nassen Grabengesellschaften zu finden sind. Mach einfach unterwegs Fotos dieser Pflanzenfreundschaften – so erhältst du Inspirationen für deinen Garten. Die folgenden Beispiele dienen als Anregungen für eigene Pflanzungen.

Eine Wildstrauchhecke mit Pflanzenfreunden

— **Halbschattig:** Berberitze, Felsenbirne, Roter Hartriegel, Hasel, Rote Heckenkirsche, Himbeere, Hundsrose, Liguster, Pfaffenhütchen, Gemeiner Schneeball, Seidelbast, Traubenkirsche, Waldrebe, Weinrose, Weißdorn

— **Halbschattig, eher feuchter Boden:** Brombeere, Faulbaum, Wald-Geißblatt, Schwarze Heckenkirsche, Heidelbeere, Schwarzer Holunder, Stechpalme

— **Wärmeliebend:** Hainbuche (schnittverträglich!), Hasel, Heckenkirsche, Kornelkirsche, Salweide, Wildrosen

Wildstauden-Gärtnereien (siehe S. 104) bieten eine große Auswahl an Pflanzenpaketen aus Pflanzenfreunden, die gemeinsam an natürlichen Standorten vorkommen.

Stauden für sonnige, trockene, warme bis heiße Plätze

— **Trockenmauer oder steinig, mager, mit Natursteinen:** Berg-Aster, Rundblättrige Glockenblume, Berg-Lauch, Stein- und Felsen-Nelke, Gemeines Sonnenröschen

— **Polsterbildend für extensive Dachbegrünung:** Berg-Gamander, Kriechendes Gipskraut, Scharfer Mauerpfeffer, Feld-Thymian

— **Eher nährstoffreicher Boden:** Gemeiner Beifuß, Dornige Hauhechel, Färber-Hundskamille, Großblütige Königskerze, Gemeiner Natternkopf, Echte Ochsenzunge, Echter Steinklee, Wegwarte

Stauden für sonnige, nicht zu heiße Plätze auf humusreichem Boden

— **Heckensaum, Wegrand:** Saat-Esparsette, Knäuelblütige Glockenblume, Kleiner Odermennig, Stinkende Nieswurz, Blutroter Storchschnabel

— **Nicht zu feuchte Rabatte:** Glockenblumen, Berg-Flockenblume, Katzenminze, Malven, Margerite

— **Frischer bis feuchter Boden, auch schwerer Lehmboden:** Nesselblättrige Glockenblume, Echtes Mädesüß, Mondviole, Klebriger Salbei, Wasserdost

Stauden für Blumenwiesen

— **Magerer, nährstoffarmer Boden:** Saat-Esparsette, Wiesen-Flockenblume, Knäuelblütige Glockenblume, Wundklee, Echtes Labkraut, Wiesen-Margerite, Wilde Möhre, Kartäuser-Nelke, Weidenblatt-Rindsauge, Wiesen-Schafgarbe, Wiesen-Schlüsselblume, Wiesen-Storchschnabel, Kleiner Wiesenknopf

— **Frischer bis feuchter Boden:** Rote Lichtnelke, Bach-Nelkenwurz, Wiesen-Schaumkraut, Sibirische Schwertlilie, Teufelsabbiss, Trollblume

Pflanzenpartner für die Unterpflanzung deiner Bäume und Sträucher findest du auf S. 26, Pflanzenpartner für den Obstgarten auf S. 74.

Verschiedene Sträucher bilden einen geschützten Lebensraum für Vögel, die Lieblinge unter den Gartentieren.

Die reifen Früchte des Weißdorns locken Amsel, Rotkehlchen, Finken und Mönchsgrasmücken an, eine Waldrebe zeigt die attraktiven Fruchtstände.

Glückliche Ernte dank Mischkultur & Fruchtfolge

Im Gemüsebeet ist keine Langeweile angesagt – denn oft nur wenige Wochen verbleiben die verschiedenen Gemüse im Beet. Kaum gesät oder gepflanzt, schon werden sie geerntet und neue Gemüse folgen nach. Doch auch dir können sie ein glückliches Leben bescheren.

Durch beständige Pflanzen bringst du ein bisschen Ruhe ins Gemüsebeet, zum Beispiel durch Reihen mit mehrjährigen Kräutern oder – wie in Bauerngärten üblich – eine Umrandung aus kleinblättrigen, schnittverträglichen Sträuchern wie Buchsblättrige Berberitze (Zwergform *Berberis buxifolia* 'Nana'), Zwerg-Stechpalme (*Ilex meserveae* 'Little Sensation'), Lavendel (*Lavandula angustifolia*) oder Zwerg-Liguster (*Ligustrum vulgare* 'Lodense'). Ruhe, Stabilität und gleichzeitig Schatten vor Sonne und Hitze sowie Schutz vor Stürmen und heftigen Niederschlägen spenden Sträucher, die du im Süden und in der Hauptwindrichtung um den Gemüsegarten pflanzen. Wähle dazu deine Lieblings-Beerensträucher wie Himbeeren, Johannisbeeren oder Stachelbeeren oder robustes Wildobst (Schwarzer Holunder, Kornelkirsche, Hundsrose und andere).

UNTER PFLANZENFREUNDEN

Weiterhin machst du Gemüse glücklich, wenn du es mit den jeweils passenden Pflanzenfreunden anbaust und ungünstige Kollegen meidest. Bestens an die hiesigen Bedingungen angepasst sind diejenigen Gemüse, die seit jeher in deiner Region angebaut wurden. In kleinen Gärtnereien oder Pflanzenmärkten erhältst du oft solche regionalen Arten und Sorten. Informiere dich auch bei älteren Menschen am Ort, die sich noch erinnern, was vor 50 und mehr Jahren in den Gärten angebaut wurde. Vielleicht entdeckst du auf diese Weise alte

Alte Gemüsearten

Auch beim Gemüse sind viele alte Arten und Sorten in Vergessenheit geraten: In deinem Garten kannst du Steckrübe (Foto), Cordifole, Eiszapfen, Zuckerwurzeln und andere wiederbeleben.

Gemüse für die Winterernte

1

2

3

Gemüse aus früherer Zeit wie Kerbel-, Kohl-, Steck- und Mairüben, Teltower Rübchen, Winterportulak, Schwarzwurzeln und und und ...

MISCHKULTUR: WAHRE FREUNDE

Den Pflanzen ist es nicht egal, welche Pflanzen in der Nachbarschaft wachsen. Mit manchen kommen sie gut zurecht, mit anderen nicht. Dies gilt auch für den Nutzgarten, in dem durch fortlaufendes Ernten und neues

1. Junge Blätter des einjährigen Winterportulaks schmecken gut als Salat, ältere gekocht als spinatähnliches Gemüse.
2. Der Geruch des Bohnenkrauts hält Läuse von den Bohnen ab.
3. Die Bohnen nutzen die Maispflanze als Rankgerüst.

GUTE UND SCHLECHTE PARTNER IM OBSTGARTEN

Gute Partner	Obst	Ungünstige Partner
Brennnessel, Gartenkresse, Kapuzinerkresse, Knoblauch, Löwenzahn, Lupine, Pfefferminze, Ringelblume, Schnittlauch, Senf, Studentenblume, Veilchen, Zitronenmelisse	Apfel, Birne	Beerenobst, alle Nadelgehölze, Rosen, Salbei, Wermut
Brennnessel, Knoblauch, Löwenzahn, Lupine, Pfefferminze, Ringelblume, Schnittlauch, Senf, Studentenblume, Veilchen, Zitronenmelisse	Aprikose, Pfirsich	Rosen, Salbei
Brennnessel, Gartenkresse, Kapuzinerkresse, Lupine, Phazelie, Schafgarbe, Senf, Spinat, Wicken	Brombeere	Nadelgehölze
Erbsen, Feldsalat, Gartenkresse, Knoblauch, Lauch, Möhren, Petersilie, Pfefferminze, Salat, Senf, Spinat, Studentenblume, Veilchen, Zwiebeln	Erdbeere	Kohlarten, Radieschen, Rettich
Brennnessel, Gartenkresse, Kapuzinerkresse, Lavendel, Phazelie, Ringelblume, Salat, Schafgarbe, Schnittlauch, Senf, Spinat, Studentenblume, Thymian, Zitronenmelisse	Himbeere	–
Brennnessel, Feldsalat, Gartenkresse, Kapuzinerkresse, Knoblauch, Lerchensporn, Löwenzahn, Lupine, Meerrettich, Pfefferminze, Phazelie, Ringelblume, Schnittlauch, Senf, Studentenblume, Veilchen, Zitronenmelisse	Pflaumen	Beerenobst, alle Nadelgehölze, Rosen, Salbei, Wermut
Bohnen, Kohlarten, Löwenzahn, Salat, Spinat	Rhabarber	–
Brennnessel, Gartenkresse, Kapuzinerkresse, Lupine, Phazelie, Rainfarn, Ringelblume, Schafgarbe, Senf, Spinat, Storchschnabel, Tomaten, Wermut, Wicken	Rote und Schwarze Johannisbeere	Apfel, Aprikose, Kirsche, Nadelgehölze, Pflaume, Rosen, Zwetsche
Brennnessel, Gartenkresse, Kapuzinerkresse, Knoblauch, Löwenzahn, Lupine, Maiglöckchen, Pfefferminze, Ringelblume, Schnittlauch, Senf, Studentenblume, Veilchen, Zitronenmelisse	Sauer- und Süßkirsche	Beerenobst, Immergrün (Vinca), Rosen, Salbei, Wermut
Brennnessel, Gartenkresse, Kapuzinerkresse, Lupine, Phazelie, Rainfarn, Ringelblumen, Schafgarbe, Schnittlauch, Senf, Wicken	Stachelbeere	Apfel, Nadelgehölze, Rosen, Salbei
Knoblauch, Liebstöckel, Lupine, Phazelie, Ringelblume, Kleearten, Senf, Wicken, Zitronenmelisse	Weinrebe	Kohlarten, Meerrettich, Radieschen, Rettich, Wermut

Anbauen die Pflanzen besonders rasch wechseln.

Wenn du die richtigen Pflanzenpartner zusammenpflanzt, fördern diese sich gegenseitig im Wachstum. Als Nebeneffekt halten sich diese Pflanzenfreunde gegenseitig bestimmte Insekten fern oder locken sie an. Bohnenkraut ist beispielsweise ein guter Partner für Bohnen, da es durch seine ätherischen Öle Läuse vertreibt. Zwiebeln und Möhren mögen sich nicht nur, sondern halten sich gegenseitig Zwiebelfliege und Möhrenfliege vom Leib. Gurken und Zucchini müssen von blütenbestäubenden Insekten angeflogen werden – wenn du nun Borretsch dazwischensäst, werden Bienen und Hummeln von den in Insektenaugen weithin leuchtendblauen Borretschblüten angelockt und finden ganz leicht den Weg zu den Blüten von Gurke und Zucchini. Der bei fast allen Pflanzen unbeliebte Wermut hat auch Freunde: Schafgarbe und Salbei drängen sich um ihn und die Schwarze Johannisbeere schützt er vor dem Johannisbeersäulenrost, einer Pilzkrankheit. Noch mehr glückliche Pflanzenpartnerschaften findest du in der Tabelle in der hinteren Buchklappe.

Drei Schwestern in einem Beet

Seit Jahrhunderten bauen die Maya und deren Nachfahren Mais, Bohnen und Kürbis als „drei Schwestern" zusammen im sogenannten Milpa-Beet („nahes Feld") an, denn diese drei ergänzen sich perfekt: Zusammen ausgesät können die Bohnen an den stabilen raschwachsenden Maispflanzen emporranken (siehe S. 73), zudem versorgen sie den Boden über die in den Wurzelknöllchen hausenden, stickstofffixierenden Bakterien mit Mineralstoffen – und der Kürbis schützt mit seinen Blättern den Boden vor Hitze, Austrocknung, heftigen Niederschlägen und Wind.

Ein Hoch auf die Mischkultur

Pflanzen, die sich gegenseitig fördern, sind gesünder, tragen oft mehr und schmackhaftere Früchte und werden weniger oft von Krankheiten und Schädlingen befallen. Auch für den Boden ist Mischkultur günstig, denn durch den Anbau mit verschiedenen Kulturen ist er besser bedeckt und die Nährstoffe werden nicht einseitig dem Boden entnommen. Zudem kannst du dank mehrerer Kulturen, die gleichzeitig dicht an dicht wachsen, auf einem Beet mehr ernten – und durch klugen Anbau bekommen sich stärker ausbreitende Pflanzen wie etwa Kohlköpfe nach dem Abernten ihrer Pflanzenpartner, zum Beispiel Kohlrabi, Rettich oder Sellerie, mehr Platz im Beet. Auch in den wechselhaften Zeiten des Klimawandels ist Mischkultur die beste Wahl: Fällt wetterbedingt oder aus anderen Gründen eine Gemüsekultur aus, so gibt es auf dem Beet immer noch etwas zu ernten.

Eigene Notizen

Notiere deine Beobachtungen zu den verschiedenen Partnerpflanzen im Beet. Es gibt so viele verschiedene Faktoren wie Boden, Kleinklima etc., die eine Rolle spielen – die beste Mischkulturtabelle ist diejenige, die auf deinen ganz persönlichen Erfahrungen beruht.

1. Borretsch lockt viele bestäubende Insekten an.
2. Ein gutes Paar: Stachelbeere und Kapuzinerkresse
3. Möhren und Zwiebeln sind perfekte Partner.

SERIELLE PFLANZENFREUNDSCHAFTEN: FRUCHTFOLGE

Jede Pflanze entnimmt dem Boden arttypisch jeweils bestimmte Mineralstoffe und hinterlässt bestimmte Stoffe aus seinem Stoffwechselgeschehen im Boden. Dadurch verarmt und verändert sich der Boden nachteilig, wenn auf einem Beet immer dasselbe Gemüse angebaut wird. Auch Erreger von Pflanzenkrankheiten, beispielsweise die Kohlhernie nach Anbau von Kreuzblütlern wie Kohl, können sich im Boden ansammeln und nachfolgende Kulturen aus derselben Sippe befallen. Diese Probleme lösten die Menschen seit dem Mittelalter mit der Drei-, später Vierfelderwirtschaft, bei der sie darauf achteten, welche Pflanzen nacheinander auf einer Fläche angebaut wurden.

Auch im Gemüsegarten ist diese sogenannte Fruchtfolge, also ein zeitlicher Fruchtwechsel, sinnvoll. Dabei wählt man während einer Vegetationsperiode als Vor-, Haupt- und Nachkultur sowie über mehrere Jahre hintereinander für jedes Beet solche Pflanzen aus, die gut für den Boden sind und um einer Übertragung von Krankheiten etc. vorzubeugen. Durch das umsichtige Beachten von seriellen Pflanzenfreundschaften optimierst du die Mischkultur und schützt auf achtsame Weise die nachfolgend angebauten Pflanzen.

Grundregeln für den Fruchtwechsel

Damit es den Pflanzen in deinem Gemüsegarten gutgeht, solltest du von ihnen zwei Eigenschaften kennen – zum einen ihren Bedarf an Nähr-/Mineralstoffen, zum anderen ihre Verwandtschaft zu anderen Pflanzen (siehe S. 16). Aus dieser Kenntnis heraus ergeben sich zwei Grundregeln:

1. Pflanzen benötigen unterschiedliche Mengen an Stickstoff und anderen Mineralstoffen aus dem Boden. Pflanzen mit hohem Nährstoffbedarf werden Starkzehrer genannt, sie entnehmen große Mengen aus dem Boden und magern ihn dabei ab. Sogenannte Mittelzehrer haben einen mittleren Nährstoffbedarf und Schwachzehrer benötigen kaum Mineralstoffe, kommen also gut auf ma-

Vorsicht bei Kreuzblütlern!
Wenn du Kohlpflanzen in deinem Garten anbaust, solltest du sehr sorgfältig darauf achten, welche Pflanzen du davor und danach im selben Beet kultivierst – es dürfen keine Kreuzblütler sein (siehe S. 17).

STARK-, MITTEL- UND SCHWACHZEHRER IM GARTEN

Starkzehrer	Mittelzehrer	Schwachzehrer
Artischocke, Endivie, Gurke, Kartoffeln, Kohlarten (Blumenkohl, Chinakohl, Rosenkohl, Rotkohl, Weißkohl, Wirsing), Kürbis, Lauch, Meerrettich, Pak Choi, Rhabarber, Sellerie, Sonnenblume, Tomate, Zucchini, Zuckermais	Aubergine, Brokkoli, Chili, Erdbeeren, Karotte (Möhre), Knoblauch, Knollenfenchel, Kohlrabi, Mangold, Paprika, Pastinake, Rettich, Rote Bete, Salate, Schnittlauch, Speiserüben, Spinat, Zwiebeln	Bohnen, Erbsen, Feldsalat, Gartenkresse, Kapuzinerkresse, Kräuter, Radieschen, Rauke (Rucola)

geren Böden zurecht (siehe Tabelle links). Diesem unterschiedlichen Nährstoffbedarf der Pflanzen wirst du am ehesten gerecht, wenn du auf einem frisch mit Kompost gedüngten Beet im ersten Jahr einen Starkzehrer anbaust, im zweiten Jahr einen Mittelzehrer und danach einen Schwachzehrer. So profitieren alle voneinander. Im vierten Jahr säst du eine Gründüngungspflanze (siehe S. 58), die den Boden wieder mit Stickstoff anreichert – für den nächsten Starkzehrer.

2. Baue nacheinander keine Gemüsearten aus derselben Pflanzenfamilie an. Manche Krankheiten kommen nämlich nur in ganz bestimmten Pflanzenfamilien vor, so etwa die Kohlhernie, eine typische Pilzkrankheit bei Kreuzblütlern. Daher werden sie nur alle vier Jahre, besser gar nur alle sechs Jahre auf demselben Beet angebaut. Erbsen, Gurken und Zwiebeln beispielsweise zeichnen sich durch Eigenunverträglichkeit aus – darum sollten sie nicht nacheinander auf derselben Fläche kultiviert werden. Tomaten und Bohnen hingegen können auch mehrmals hintereinander auf demselben Beet wachsen – weil Tomaten aber viel Kalium aus dem Boden ziehen, ist auch für sie ein Beetwechsel günstig.

In einigen Pflanzenfamilien vertragen sich die einzelnen Mitglieder nicht besonders gut – Arten aus diesen Familien sollten stets mit genügend räumlichem und zeitlichem Abstand zu ihren Verwandten angepflanzt werden. Die kritischsten Familien sind:

— **Kreuzblütler:** Gartenkresse, alle Kohlarten (inkl. Brokkoli, Kohlrabi, Pak Choi, Wirsing), Meerrettich, Radieschen, Rauke (Rucola), Rettich, Senf, Speiserüben

— **Nachtschattengewächse:** Aubergine, Chili, Kartoffeln, Paprika, Tomate

Allein durch den Stickstoffeintrag aus der Luft sind viele Böden überlastet. Um den Stickstoffgehalt durch Abmagern zu reduzieren, kannst du einfach eine Saison lang **Starkzehrer** pflanzen und danach ernten: Artischocken und Sonnenblumen sehen überaus attraktiv aus, Kartoffeln machen gleichzeitig die oberste Bodenschicht schön locker.

Hallo! Pflanze an Pilz!

Pflanzen tauschen sich nicht nur untereinander und mit Bodenbakterien aus, sondern sehr lebendig auch mit den Pilzen – und das tun nicht nur die Bäume, sondern geschätzte 90 % aller Landpflanzenarten inklusive Gräser.

Im Boden befindet sich ein riesiges Kommunikationsnetzwerk, über das mehr oder weniger alle Pflanzen eines Standorts mit- und untereinander vernetzt sind – es besteht aus den Wurzeln und dem Myzel der Pilze. Über dieses „Wurzel Wide Web" fließen nicht nur Informationen, sondern auch ein reger Austausch von Stoffen: Wasser, Mineralstoffe und Zuckerverbindungen.

PFLANZEN UND PILZE – EIN PERFEKTES TEAM

Die sogenannte Mykorrhiza ist der Inbegriff einer echten Lebensgemeinschaft aus Pilz (mykes) und Wurzel (rhiza). Dabei umspinnen die Pilzfäden des Myzels die Enden der feinen Pflanzenwurzeln mit einem dichten Geflecht und dringen auch in das Wurzelgewebe ein. Über dieses Netzwerk stehen die Pflanzen untereinander in Kontakt und tauschen darüber Botschaften aus: Wenn etwa Schädlinge oder Krankheiten auftauchen, warnen sie sich gegenseitig und können so rechtzeitig vorbeugend Abwehrmaßnahmen starten, etwa indem sie Abwehrsubstanzen in den Blättern einlagern. Forscher haben auch herausgefunden, dass sich Bäume sogar über das „Wurzel Wide Web" gegenseitig unterstützen: So werden Bäume, die beispielsweise aufgrund von mangelndem Licht nur eine geringe Fotosyntheseleistung aufweisen, über das unterirdische Netz ernährt: Sie erhalten Zuckerverbindungen von Bäumen optimaler Standorte, die reichlich Fotosynthese betreiben können. So helfen sich die Bäume gegenseitig zu überleben – da Pflanzenwurzeln nicht so weitreichend sind, sind solche

Nützliche Pilze

Nutze Mykorrhizapilze auch in deinem Garten: Erdbeerpflanzen mit Pilzpartner liefern vitaminreichere, aromatischere und intensiver rot gefärbte Früchte, und Kartoffeln mit Pilzpartner faulen im Lager zu 90 % weniger als Kartoffeln aus mykorrhizafreiem Boden.

Fernverbindungen nur mithilfe des Myzelnetzes der Pilzpartner möglich: Das Myzel eines einzigen Pilzes kann sich über mehrere Hundert Quadratmeter ausbreiten.

Pflanzen reden mit Pilzen

Die Mykorrhiza-Partnerschaft hat für beide einen großen Vorteil, denn es kommt dabei zu einem gegenseitigen Austausch von Stoffen. Das feine Myzel (Wurzelgeflecht) der Pilze kann den Boden viel besser durchdringen als Pflanzenwurzeln. So versorgt es dank seiner vergrößerten, aufnahmefähigen Oberfläche die Pflanze optimal mit Wasser und lebensnotwendigen Mineralstoffen wie Stickstoff, Phosphor und anderen, während der Pilz von der Pflanze die für sein Wachstum benötigten Zuckerverbindungen erhält. Dadurch fördert die Symbiose direkt die Pflanze in ihrem Wachstum sowie die Bildung von Blüten, Samen und Früchten. Zudem schützt das Pilzgeflecht die Pflanzenwurzel vor dem Eindringen von Schädlingen und bodenbürtigen Krankheitserregern.

MYKORRHIZA IM GARTEN

Auch im Garten solltest du unbedingt auf die wunderbare Freundschaft zwischen Pflanzen und Mykorrhizapilzen setzen – gerade auch in diesen schwierigen Zeiten des Klimawandels. Forscher fanden heraus, dass Pflanzen viel besser den Stress durch Trockenheit, Kälte und andere Klimafaktoren aushalten können, wenn sie einen unterirdischen Pilzpartner besitzen. Das liegt vermutlich daran, dass die Mykorrhizapilze imstande sind, die bei Stress von der Pflanze gebildeten frei-

2

1. Im Boden sind die Pflanzen durch das feine Netzwerk des Pilzmyzels innig verbunden.

2. Tomaten von Pflanzen mit Pilzpartner schmecken besser.

Boden, der von dem feinen Wurzelgeflecht der Pilze durchzogen und durchdrungen ist, duftet erdig gut nach Pilzen.

en Sauerstoffradikale zu „schlucken" sowie ihrerseits Wachstumshormone zu bilden und an die Pflanze weiterzuleiten.

Indem du deinen Gartenpflanzen einen Pilzpartner gönnst und für einen gesunden, mykorrhizahaltigen Boden sorgst, bereitest du sie gut auf die Herausforderungen des Klimawandels vor. Im Garten entfalten die Mykorrhizapilze dieselben „Kräfte" wie in der Natur. Die feinen Pilzfäden des Wurzelgeflechts (Myzel) umspinnen die Wurzeln deiner Gartenpflanzen und die beiden Partner unterstützen sich gegenseitig: Die Pflanzen werden dank des Pilzpartners kräftiger und gesünder.

Die richtigen Pilzpartner wählen

Um Mykorrhizapilze in den Garten zu bekommen, musst du kein Pilzgeflecht in der Natur ausgraben. Mykorrhizapilze sind inzwischen käuflich erhältlich, sie werden schon, beispielsweise im Biolandbau, intensiv eingesetzt. Beim Kauf solltest du darauf achten, die richtigen Pilzprodukte (siehe S. 104) zu wählen:

1. Um Bäume wie Birken, Buchen, Kiefern oder Weiden im Garten zu unterstützen, wählst du Ektomykorrhizapilze. Das sind meist Ständerpilze aus der Verwandtschaft der Steinpilze und Champignonartigen. Bei dieser Form der Mykorrhiza hüllt das Pilzmyzel die Pflanzenwurzeln ein und dringt dabei bis in die äußeren Zellschichten der Wurzel vor. Vor allem bei ungünstigen Bedingungen und Stress durch Trockenheit u.ä. zeigen Bäume ohne ihren jeweiligen Pilzpartner ein stark gehemmtes Wachstum, sie werden anfällig und können dem nächsten Sturm anheimfallen oder von parasitischen Pilzen oder

Borkenkäfern befallen werden. Da die Prognosen darauf hinweisen, dass heftige Wetterereignisse wie Stürme wegen des Klimawandels zunehmen werden, sind stärkende Pilzfreunde für Bäume sicherlich eine gute Idee.
2. Wichtiger für den Garten sind jedoch Endomykorrhizapilze. Diese noch innigere Lebensgemeinschaft gehen über 80 % aller Pflanzen ein – Kräuter, Stauden und Gräser, Halbsträucher und manche Bäume, auch Kübel-, Balkon- und Zimmerpflanzen. Dabei dringen die Pilzfäden tiefer in die Wurzel ein und wachsen sogar in einzelne Zellen hinein. Endomykorrhizapilze sind meist niedere Arten, die unterirdisch wachsen und keine Fruchtkörper wie Stiel und Hut oder ähnliches ausbilden. Diese Mykorrhizapilze eignen sich auch für Rasenflächen, Rosen und viele Gemüsekulturen wie Tomaten, Gurken, egal ob im Freien oder Gewächshaus.

Die Anwendung ist ganz einfach!

Gib das Mykorrhizasubstrat in der auf der Packung angegebenen Menge beim Pflanzen mit in das Pflanzloch oder zwischen die Wurzeln, bei Topfpflanzen mischst du es unter das Pflanzsubstrat, bei bestehenden Kulturen streust du es einfach im Wurzelbereich auf den Boden. Auf Rasenflächen bringst du es breitflächig nach dem Vertikutieren aus und deckst es fein mit Sand ab. Danach breitet sich der Mykorrhizapilz von selbst und dauerhaft im Boden aus und geht mit den Pflanzenwurzeln eine sogenannte Symbiose ein.
Mit der ausgebrachten Menge kannst du keine Fehler machen, denn es handelt sich dabei ja nicht um einen Dünger – daher gibt es kein Zuviel: Ist die Menge der Mykorrhiza gering, so dauert es einfach länger, bis die Wurzeln optimal vom Pilzgeflecht umschlossen sind.

Das Ausbringen von Mykorrhizapilzen im Garten geht ganz einfach: Du mischst das Pilzsubstrat unter das Erdreich oder streust es wie einen Dünger aus.

NOTFÄLLE UND MISS-GESCHICKE

STANDORTGERECHT PFLANZEN

Auch wenn du noch so sehr Rosen, Tulpen, Nelken liebst – wenn du den Pflanzen keinen zusagenden Standort in deinem Garten geben kannst, verzichte lieber auf sie! Wähle stattdessen standortgerechte Pflanzen aus. Vielleicht gelangst du so zu neuen Liebschaften.

Gestresste Pflanzen stärken

Pflanzen geht es nicht anders als uns Menschen: Manchmal werden sie krank oder von Schädlingen befallen. Meist trifft dies geschwächte, gestresste Exemplare. Die beste Vorbeugung ist, alle Stressfaktoren zu beseitigen sowie die Pflanzen zu stärken.

Für Pflanzen unterscheidet sich die Situation in der Natur ziemlich deutlich von der im Garten: Während es dort „draußen" niemanden gibt, der pflanzt, sät oder „Unkraut" zupft, unterliegen die Pflanzen im Garten unserem Tun. Wir siedeln ganz nach unseren Wünschen und Vorlieben durch Aussaat und Pflanzung Arten an, die von irgendwoher stammen. Diese mehr oder weniger beliebig ausgewählten Pflanzen müssen mit dem Standort zurechtkommen, an den sie platziert wurden – sie können ja nicht davonlaufen oder sich von selbst an einen Platz umsiedeln, der ihren Bedürfnissen besser zusagt. Am falschen Ort zu sein erzeugt nicht nur uns Menschen Stress – auch den Pflanzen ergeht es so. Und Stress schwächt den Körper und macht ihn anfällig für Krankheiten und Schädlingsbefall.

VORSORGE STATT NACHSORGE

Lerne jede einzelne Pflanze so gut kennen, dass du um deren arttypische Bedürfnisse an Standort, Nährstoffbedarf etc. weißt und diese so gut wie möglich erfüllst. Kenntnisse der Sprache der Pflanzen sind dabei sehr hilfreich. Je mehr du dich mit dem natürlichen Wesen jeder Pflanze auskennst und dich auch um die mit ihr vernetzten anderen Lebewesen – also befreundete Pflanzen, Mikroorganismen, Mykorrhizapilze im Boden und die für Befruchtung und Samenverbreitung zuständigen Tiere – kümmerst, umso wohler fühlt sie sich. Je mehr du gegen die Natur einer Pflanze arbeitest, umso aufwändiger wird das Ganze: Dann bedarf es viel Pflege bis hin zum Einsatz von Pflanzenschutzmitteln. Verlierer sind dann alle!

Vagabunden

Akelei und Glockenblumen, Königs- und Nachtkerzen und etliche Blumen mehr säen sich gern selbst aus: Dann tauchen diese Pflanzen plötzlich an Stellen im Garten auf, an denen du sie weder gesät noch gepflanzt hast. Davon kannst du gut lernen, an welchem Platz diese Pflanzen gern wachsen.

Pflanzen zeigen, was ihnen fehlt

Am äußeren Erscheinungsbild kannst du erkennen, wenn es einer Pflanze nicht gutgeht – am gesamten Erscheinungsbild, an typischen Verfärbungen und anderen Symptomen zeigt sie, woran es ihr mangelt. Dann kannst du sie gezielt unterstützen.

Um die Zeichen der Pflanzen zu erkennen, ist es günstig, wenn du deine Pflanzen regelmäßig anschaust. So kannst du schneller Abhilfe schaffen.

Anzeichen: Vor allem die älteren Blätter am Fuß oder im Innern der Pflanze sind vergilbt und blassgrün, sie welken von der Blattspitze her und sterben sogar ab. Die Pflanze bleibt im Wachstum zurück.
Ursache: Stress, die Pflanze leidet unter Stickstoffmangel.
Was tun? Die Blätter mit einem stickstoffhaltigen organischen Blattdünger oder den Boden mit stickstoffhaltiger, 1:10 mit Wasser verdünnter Brennnesseljauche gießen.

Anzeichen: Viel Blattmasse und wenig Blüten und Früchte, die Blätter haben einen leichten Blaustich und zeigen sogar Anzeichen von Verbrennungen an den Rändern. Pilzkrankheiten, Läuse und andere Schaderreger treten auf.
Ursache: Im Boden ist zu viel Stickstoff, die Pflanze ist überdüngt.
Was tun? Sofort die Stickstoffdüngung einstellen, Strohmulch auftragen und rund um die betroffenen Pflanzen Phazelia (Bienenfreund) aussäen.

Anzeichen: Pflanze welkt, Blätter werden gelb und rollen sich ein. Tomaten werden nicht vollständig reif, sondern bleiben am Fruchtansatz grün (Grünkragen).
Ursache: Die Pflanze leidet unter Kaliummangel. Übermäßiges Düngen mit Stickstoffsalzen kann zum Beispiel zu Kaliummangel führen.

Zu viel Sonne!
Auch Pflanzen bekommen bei zu viel Sonne einen Sonnenbrand mit verbrannten Blättern und Früchten. Das sind bleibende Schäden. Beschatte sonnenempfindliche Pflanzen vorbeugend, z. B. durch Sträucher, und gieße an sonnigen Tagen kein Wasser über Blätter, Früchte oder auf Rasen; das Wasser wirkt wie ein Brennglas.

1. Stickstoffmangel an Rose
2. Frostschaden an Wolfsmilch
3. Hortensie mit Trockenschaden im Sommer

Was tun? Algenprodukte, Farnkraut und/oder Gesteinsmehl ausstreuen oder mit Beinwelljauche (1:10 verdünnt mit Wasser) düngen, mit Beinwellblättern mulchen.

Anzeichen: Im Frühjahr sind die Blattränder über Nacht braun und trocken-welk geworden.
Ursache: Es war zu kalt. Die Pflanze hat einen Frostschaden erlitten.
Was tun? Bei frostigen Temperaturen frieren zunächst die Zellen an den Blatträndern und sterben ab. Sind Frostnächte angekündigt, sorge bei wärmeliebenden Pflanzen und Kübelpflanzen für ausreichend Frostschutz durch Einhüllen oder Abdecken mit Reisig, Vlies oder Strohmatten. Abgestorbene Pflanzenteile erst im späten Frühjahr abschneiden, solange dienen sie der restlichen Pflanze als Kälteschutz. Wenn es die ganze Pflanze erwischt hat, ebenfalls zurückschneiden – vielleicht erholt sie sich ja wieder …

Anzeichen: Immergrüne Pflanzen werden im Lauf des Winters nach und nach braun und sterben ab.
Ursache: Die Pflanzen haben zu wenig Wasser bekommen.
Was tun? Immergrüne Pflanzen betreiben das ganze Jahr über Fotosynthese und entziehen dem Boden Wasser. Darum solltest du Immergrüne auch im Winter an frostfreien Tagen gießen. Sind sie abgestorben, gibt es keine Rettung mehr für sie.

Schädlinge & Krankheiten

Pflanzen nehmen wahr, wenn sich Schädlinge an ihnen gütlich tun oder sich Krankheitserreger in ihrem Körper ausbreiten. Darauf reagieren sie im gemütlichen Pflanzentempo mit Abwehrmaßnahmen und warnen gleichzeitig die umgebenden Pflanzen – freilich auf ihre Weise.

Sobald Läuse, Raupen und andere an Pflanzenteilen fressen, erhöhen Pflanzen den Anteil bitterer oder verhärtender Substanzen als Fraßschutz in ihrem Körper – und weil sie gleichzeitig Warnstoffe abgeben, die über die Luft auch die benachbarten Pflanzen erreichen, fahren auch diese ihre Abwehr hoch. So machen sich die Pflanzen gegenseitig widerstandsfähig und beugen selbst vor. Kohlpflanzen wie Weiß- und Rotkohl etwa pumpen zur Abwehr von Raupen giftiges Senföl in die Blätter. Gleichzeitig bewirken diese Warnstoffe in der Luft, dass Schädlinge signifikant weniger Eier ablegen und sich dadurch viel weniger ausbreiten können – die Warnstoffe wirken sogar gegen pathogene Pilze.

Um Pflanzen anzuregen, giftige Substanzen als Fraßschutz in den Blättern einzulagern, kannst du ein paar reife Äpfel, die Ethylen ausströmen, unter die Pflanzen legen, die gern von Schädlingen befallen werden.

PFLANZEN RUFEN GEZIELT TIERISCHE HELFER

Tatsächlich wissen Pflanzen auch ganz genau, wer da ihnen knabbert: An der arttypischen Zusammensetzung des Speichels erkennen Pflanzen, ob es eine Raupe, ein Käfer oder ein Reh ist. So rufen sie gezielt Helfer aus der Tierwelt herbei – etwa parasitierende Schlupf- und Erzwespen oder jagende Raubmilben, Raubwanzen und andere. Nektar lockt Ameisen und Wespen herbei, die wie ein kleines Heer Raupen, Blattwespenlarven und andere kleine Pflanzenfresser überfallen. Diese Hilferufe seitens der Pflanzen funktionieren sogar im Boden: Fressen Käferlarven an den Wurzeln, geben Pflanzen einen Duftstoff in den Boden ab und locken so gezielt insektenfressende Fadenwürmer (Nematoden) an.

DAS IMMUNSYSTEM DER PFLANZEN

Pflanzen besitzen auch ein Immunsystem, das sogenannte SAR („systemic acquired resistance"), das dem unsrigen ähnelt. Wird eine Pflanze von einem Krankheitserreger infiziert, so bildet die Pflanze an dieser infizierten Stelle immunabwehreinleitende Substanzen. Wird dieselbe Pflanze später wieder von demselben Krankheitserreger befallen, erinnert sie sich daran und wehrt sofort den erneuten Angriff ab. Pflanzen können viele verschiedene Krankheitserreger erkennen, sie

Die kleinen schneckenähnlichen Larven der Florfliegen saugen viele Blattläuse aus.

bauen im Lauf ihres Lebens ihr Immunsystem auf. Auch das Mykorrhiza-Netzwerk im Boden dient als Immunsystem.

Pflanzen bei der Abwehr unterstützen

Mit dem Wissen, dass Pflanzen sich selbst gegen Krankheiten und Schädlinge wehren, eröffnet sich für dich als Gärtner oder Gärtnerin eine gute Alternative zum Einsatz von giftigen Pflanzenschutzmitteln, die auch unseren menschlichen Organismus schädigen – die Unterstützung der pflanzlichen Abwehr:

— Heimische Wildtiere wie Vögel, Insekten, Spinnen und andere „Nützlinge" durch „wilde Ecken" im Garten mit heimischen Wildpflanzen, Totholz, Stein- und Ästehaufen sowie durch Verzicht auf Pflanzenschutzmittel schonen und fördern, weil sie wichtige Gegenspieler zu Schädlingen sind.
— Schädlinge absammeln oder mit Wasser abspritzen, kranke Pflanzenteile entfernen, um so die Belastung für die Pflanzen zu reduzieren.
— Mittels Schneckenzäunen, Pheromonfallen und Kulturschutznetzen Schädlinge fernhalten.
— Käuflich erworbene Nützlinge wie Florfliegen, Schlupfwespen und Nematoden einsetzen.

Meisen und viele andere Gartenvögel verfüttern Raupen an ihre Jungen.

SCHÄDLINGE TAUCHEN AUF

WAS TUN GEGEN ...

... Nacktschnecken — Nachts und bei feuchtem Wetter fressen Nacktschnecken an den Blättern vieler verschiedener Pflanzen, tags und bei Trockenheit ruhen sie an feuchtkühlen Stellen. Morgens kannst du sie unter ausgelegten Steinplatten oder Brettern absammeln. Ein Schneckenzaun hält bestimmte Beete und Gartenbereiche frei von ihnen. Tigerschnegel und Laufkäfer sind die ärgsten Schneckenfeinde, auch Indische Laufenten gehören dazu. Im feinkrümeligen Boden finden Nacktschnecken keine Ablagemöglichkeit für ihre Eier.

... Blattläuse — Über 800 Blattlausarten gibt es bei uns – und ähnlich groß ist das Heer der Tiere, die sich von Blattläusen ernähren: Vögel, Marienkäfer und ihre Larven, Ohrwürmer, Larven von Schweb- und Florfliegen und viele mehr. Habe zunächst ein paar Tage Geduld, bis diese Blattlausjäger aktiv werden können. Vorbeugend solltest du auf übermäßige Stickstoffdüngung verzichten und ausreichend gießen. Notfalls große Blattlauskolonien mit einem Wasserstrahl abspritzen! Rußtau (klebriger, schwarzer Belag) solltest du abwaschen.

... Raupen — Viele Raupen ernähren sich von Blättern und richten dabei Fraßschäden an. Aus Raupen entwickeln sich Schmetterlinge – bei uns ca. 180 Tagfalter- und über 3500 Nachtfalterarten. Da Raupen nicht wahllos jedes Blatt fressen, sondern nur eine oder wenige bestimmte Pflanzen, ist der Schaden duldbar. Zu den unbeliebten Raupen im Garten gehören die der Kohlweißlinge (an Kohl), Frostspanner (an Obstbäumen), Apfel- und Pflaumenwickler (in den Früchten) sowie verschiedene Gespinstmotten. Raupen absammeln ist immer eine Möglichkeit. Zu Flugzeiten vom Kohlweißling können Kulturschutznetze ausgebracht werden, gegen Frostspanner helfen Leimringe ab Oktober am Stamm, gegen Wickler Wellpappegürtel.

... Engerlinge — Im Erdboden oder Kompost kannst du immer wieder recht große Larven entdecken. Die bis zu 3 cm langen Rosenkäfer-Engerlinge, die sich in Rückenlage fortbewegen, sind wichtige Zersetzer im Kompost – belasse sie darin. Engerlinge in der Erde hingegen ernähren sich von Pflanzenwurzeln: Du kannst sie dulden oder den Vögeln als Nahrung in einer Schale anbieten. Maikäfer-Engerlinge sind 5 bis 6 cm lang und kriechen seitlich schlängelnd, die 3 cm langen Junikäfer-Engerlinge bewegen sich auf dem Bauch liegend fort und die nur bis zu 1,5 cm langen Gartenlaubkäfer-Engerlinge halten sich in 10 bis 15 cm Bodentiefe auf.

SCHÄDLINGE & KRANKHEITEN

Schädling und Gegenspieler

1. Nacktschnecke und ihr Feind, der Tigerschnegel

2. Marienkäfer legen gezielt ihre Eier in Blattlauskolonien – zehn Tage später sind alle Läuse aufgefuttert.

EINE PFLANZE IST KRANK

WAS TUN, WENN …

… die Blätter von einem mehlartigen, abwischbaren Belag überzogen sind?

Bei trocken-warmer Witterung in Sommer und Herbst befällt der Echte Mehltau die Blätter von Rosen, Gurken, Zucchini, Tomaten, Erbsen, Weinrebe und vielen anderen Pflanzen. Dabei handelt es sich um verschiedene Pilzarten, die aber jeweils nur eine bestimmte Pflanze befallen. Entferne konsequent alle befallenen Blätter und Pflanzenteile und entsorge sie über den Hausmüll. Verzichte vorbeugend auf reichliche Stickstoffdüngung und achte auf genügend Abstand zwischen den Pflanzen.

… Erdbeeren, Himbeeren und andere Früchte, Gurken, Salat, Tomaten, Zucchini und anderes Gemüse, Zierpflanzen und Rosenblüten „schimmeln"?

Der Grauschimmel *(Botrytis)* verrottet geschwächte Pflanzenteile bei über 200 verschiedenen Pflanzenarten. Bei feucht-warmen Bedingungen dringt er über kleine Wunden in Blätter, Blüten oder Früchte ein. Befallene faulige Pflanzenteile komplett entfernen und entsorgen! Sorge vorbeugend für gesunde, nicht gestresste Pflanzen, d.h. auch nicht übermäßig düngen. Nicht über Blätter gießen und luftigen Standort wählen, damit nasse Pflanzen rasch abtrocknen. Damit Erdbeeren und Zucchini es von unten trocken haben, breitest du Stroh unter den Früchten aus.

… Tomatenpflanzen braun werden und faulen?

Der die Kraut- und Braunfäule verursachende Phytophthora-Pilz dringt nur auf nassen Pflanzenteilen in gesunde Blätter, Stängel und Früchte ein. Vorbeugend solltest du immer für trockene Tomatenpflanzen sorgen durch einen warmen, regengeschützten Platz oder ein Regendach und, um gegenseitiges Anstecken zu verhindern, keine Kartoffeln neben Tomaten pflanzen.

… Monilia-Pilze Obstbäume befallen und zu Spitzendürre und Fruchtfäule führen?

Vor allem bei feuchtem Wetter dringen die Monilia-Sporen in die Triebe oder Früchte von Apfel-, Aprikosen-, Birnen-, Kirsch-, Pfirsich- oder Pflaumenbäumen ein. Dadurch welken rasch die Blätter und die Triebe sterben von der Spitze her ab oder die Früchte faulen und bilden Ringe des hellbraunen Pilzfruchtkörpers. Schneide befallene Triebspitzen bis ca. 15 cm ins gesunde Holz zurück, entferne konsequent alle befallenen Früchte inklusive der im Geäst hängenden eingetrockneten Früchte, in denen der Pilz überwintert. Vorbeugend solltest du keine Früchte verletzen.

SCHÄDLINGE & KRANKHEITEN

Die häufigsten Pilzkrankheiten

1. Der Echte-Mehltau-Pilz kann nicht von Rosen auf Gurken oder von Phlox auf Salbei übersiedeln.
2. Grauschimmel befällt Früchte und andere Pflanzenteile mit einem grauen, schmierig-samtigen Pilzrasen.
3. Kraut- und Braunfäule breitet sich über die ganze Pflanze aus, die dann abstirbt.

„IM GARTEN SHOPPEN"

Süße Früchte

Aus der Sicht der Pflanzen sind Früchte eine raffinierte Erfindung, um Vögel und andere Tiere für die Verbreitung ihrer Samen einzuspannen. Aus unserer Sicht schmecken Früchte und Nüsse einfach lecker!

Obst ist die köstlichste Ernte im Garten. Durch Auswahl und Zucht entstand aus zum Teil bei uns heimischen Wildarten eine Vielzahl an Sorten mit größeren, saftigeren, aromatischeren und süßeren Früchten. Auf die Qualität dieser Früchte hat auch einen Einfluss, wer die Blüten bestäubt – es macht tatsächlich einen Unterschied, ob dies Honig- oder Wildbienen tun. Denn letztere erledigen diesen Job wesentlich besser. Das liegt daran, dass Honigbienen im Wesentlichen am Nektar interessiert sind – darum versuchen sie gezielt diesen zu tanken unter Umgehung der mit Pollen beladenen Staubblätter. Anders die Wildbienen: Sie sammeln gezielt den Pollen, um damit jede Brutzelle mit einem ordentlichen Nahrungsvorrat für ihre Nachkommen zu füllen. Darum kommen die Wildbienen intensiv mit den klebrigen Narben in Kontakt. Alle Blüten werden optimal bestäubt. Die daraus entwickelten Früchte sind nachweislich größer, süßer und qualitativ besser. Das gilt nicht nur für Äpfel, sondern wurde in Studien auch für Erdbeeren belegt – ein deutlicher Hinweis darauf, dass dies auch für alle anderen Früchte zutrifft. Wer also die Sprache der Pflanzen versteht, setzt auf Wildbienen als Bestäuber und fördert sie im Garten, beispielsweise durch offene sandige Bodenbereiche etwa zwischen den Fugen von Steinplatten, durch Nisthilfen und wilde Ecken.

FÜR EINE REICHE ERNTE

Sorge für genügend Phosphor im Boden, den die Pflanzen zur Reifung benötigen. Bei Mangel fallen die Früchte kleiner aus. Und auch Mykorrhizapilze (siehe S. 78) haben einen enormen Einfluss auf den Vitamin-, Aroma- und Duftstoffgehalt der Früchte und sogar auf deren Haltbarkeit nach der Ernte.

Studien zeigen, dass Pflanzen auf Töne reagieren: Tomaten wachsen besser und tragen mehr Früchte, wenn man viel mit ihnen redet – vielleicht, weil sie dann jedes Mal eine intensive CO_2-Dusche erhalten. Dies lässt sich auch auf andere früchtetragende Pflanzen übertragen.

Musik wirkt

Auch Musik soll einen positiven Einfluss auf die Früchte haben und den Zuckergehalt erhöhen. Ein österreichischer Winzer bespielt seine Weinberge mit klassischer Musik von Vivaldi und den gärenden Most mit Klaviermusik – den „musikalischen" Wein kannst du übrigens kaufen (siehe S. 204).

Aprikosen sind köstliche Früchte – die Bäume gedeihen besonders gut an einer sonnig-warmen Südwand.

Pflanze eine oder zwei Reihen Wildobststräucher – sie beschatten Gemüsegarten oder Sitzplatz, bieten einen klimafreundlichen Sichtschutz, sind ein Paradies für Vögel und Insekten und liefern leckere Früchte.

Gemüse & Kräuter: vom richtigen Zeitpunkt

Pflanzen wissen ganz genau, wie lang es dunkel und hell ist und dass sich die Tageslängen im Jahreslauf ändern. Ihre innere Uhr synchronisiert ihren Stoffwechsel mit diesem Tag-Nacht-Rhythmus. Das wirkt sich auch auf das Erntegut aus.

Wegen ihrer inneren Uhr leben die Pflanzen im stetigen Takt von Morgen, Mittag, Abend und Nacht – danach richten sie ihr Leben ebenso ein wie nach dem Zyklus der Jahreszeiten.

KRÄUTER ERNTEN IN DEREN RHYTHMUS

Bei Kräutern und Heilpflanzen weiß man schon lange, dass ihre Inhaltsstoffe, wie beispielsweise ätherische Öle, zu bestimmten Entwicklungs- und Tageszeiten am höchsten sind und erntet sie dann, wenn sie am gehaltvollsten sind oder ihre Inhaltsstoffe ihre größte Heilwirkung entfalten. Achte immer darauf, nur gesunde und nicht feuchte Pflanzenteile zu ernten.

AUCH GEMÜSE HAT EINEN RHYTHMUS

Es verwundert nicht, dass beispielsweise Kohlpflanzen ihre Abwehrmaßnahmen an den Fressrhythmus der Kohlweißlingsraupen angepasst haben, die tagsüber fressen und nachts ruhen: D.h. tagsüber fahren Kohlpflanzen die Produktion von Abwehr- und Inhaltsstoffen hoch, nachts senken sie diese. Forscher untersuchten die Inhaltsstoffe der Kohlblätter im Tageslauf – und siehe da, vier bis acht Stunden nach Sonnenaufgang ist der Gehalt an Nähr- und wertvollen Inhaltsstoffen am höchsten. Der ideale Erntezeitpunkt für Kohl sind demnach die Mittagsstunden.

Daraufhin untersuchten Forscher diesen Rhythmus auch bei Eisbergsalat, Spinat, Zucchini, Süßkartoffel, Möhren und Blaubeeren – und auch diese Nutzpflanzen produzieren im festen Tag-Nacht-Rhythmus nicht nur ihre Abwehrstoffe, sondern auch alle anderen wertvollen Inhaltsstoffe. Nachts naschen lohnt sich also nicht.

Pflanzen haben aufgrund ihrer hohen Lichtsensibilität noch mehr Mühe, ihren inneren Rhythmus an den äußeren von Tag und Nacht anzupassen, wenn überall, auch im Garten, nachts künstliche Lichter brennen (siehe S. 12). Darum an dieser Stelle erneut mein Plädoyer: Sorge strikt dafür, dass es nachts in deinem Garten dunkel ist.

1. In der Mittagssonne ist der Gehalt an wertvollen Inhaltsstoffen am höchsten – bei Ringelblumen ...

2. ... und bei Kräutern wie Salbei, Thymian und Rosmarin.

Ernteregeln für Gemüse

Um das knackigste, gesündeste Gemüse zu ernten, kannst du im Wissen um das Timing in den verschiedenen Pflanzenteilen Folgendes beachten:

1. Morgens sind Pflanzen besser mit Wasser versorgt als nachmittags – das macht sich vor allem bei zarten Gemüsen bemerkbar: Salate und zartblättrige Kräuter werden vormittags geerntet.

2. Nachts steigt in den Pflanzen der Nitratpegel, ein wichtiger Nährstoff – für unsere Gesundheit aber weniger gut. Darum ernte robuste Gemüse und solche, die zum Einlagern von Nitraten neigen, wie etwa Spinat oder Rucola, besser nachmittags oder abends.

KRÄUTERERNTE

Pflanze	Pflanzenteil	Erntezeitpunkt
Lavendel	Blüten	Juni bis Juli, mittags an heißen Tagen
Majoran und Dost	blühendes Kraut	kurz vor und während der Blüte
Minze	Blätter	wenn sich die ersten Blütenknospen zeigen mittags an sonnigen Tagen
Ringelblume	Blüten	ab Juni, von 11 bis 12 Uhr an sonnigen Tagen
Rosmarin	Triebe	Mai bis Juli, von 12 bis 14 Uhr an sonnigen Tagen
Salbei	Blätter	Mai bis Juni, kurz vor der Blüte
Thymian	blühendes Kraut	während der Blütezeit ab Mai
Zitronenmelisse	Blätter	Juni, kurz vor der Blüte von 10 bis 12 Uhr an sonnigen Tagen

1. Schon wenige Wochen nach dem Säen kannst du Rucola ernten.
2. Ernte vor den ersten Frostnächten alle Tomaten, auch die grünen, und lasse sie drinnen nachreifen.

Bitte hell lagern!
Das inhaltsreichste Gemüse erhältst du bei Lagerung im Hellen und nicht im Gemüsefach des Kühlschranks.

3. Gemüse, die eine recht kurze Kulturzeit zwischen Aussaat und Ernte haben wie Erbsen, Kohlrabi, Radieschen oder Zucchini solltest du besser zu klein als zu groß, also besser zu früh als zu spät ernten – denn dann werden sie gern mehlig, holzig oder hart.

4. Gemüse mit langer Kulturdauer wie Kartoffeln oder Möhren schmecken besser, wenn du ihnen genügend Zeit zum Reifen gibst. Pastinaken kannst du sogar, mit etwas Reisig oder Stroh bedeckt, über den Winter im Beet belassen und stets frisch ernten.

SAISONALES SHOPPEN

Egal ob Frühling, Sommer, Herbst oder Winter – das ganze Jahr über werden im Supermarkt frische Tomaten, Paprika und Gurken angeboten. Darüber haben wir den Bezug verloren, was tatsächlich so Monat für Monat im Garten geerntet werden kann. Hier heißt es: Back to the roots!

Auch im Gemüsegarten gilt, je besser du die Bedürfnisse der Gemüse und Kräuter erfüllst, umso gesünder wachsen sie heran und umso weniger Aufwand hast du beim Anbau. Dazu gehört auch die Einsicht, auf all die Gemüse zu verzichten, die in deinem Garten nicht klappen oder nur mithilfe von giftigen Pflanzenschutzmitteln. Wähle die Gemüse bzw. Sorten, die zu den Standort- und Bodenbedingungen in deinem Garten passen. Unterscheiden sich die Bedürfnisse einer Pflanze stark von den gegebenen Bedingungen, so steht sie massiv unter Stress – und Stress macht sie anfällig für Krankheiten und Schädlingsbefall. Mediterrane Kräuter etwa brauchen viel Sonne – an einem schattigen Platz auf womöglich noch nährstoffreichem Boden hat Mehltau leichte Hand.

Gute Hilfe bei der Suche nach den passenden Kulturen: das, was schon immer gut in deinem Garten gewachsen ist, plus regionales Gemüse – Saatgut und Pflanzen erhältst du bei lokalen Gärtnereien.

WAS IST WANN ERNTEREIF IM GARTEN?

A = Aussaat   P = Pflanzung   E = Ernte

Gemüse	Wann erntereif?	I	II	III	IV	V	VI	VII	VIII	IX	X	XI	XII
Bohnen	2–3 Monate nach Aussaat					A	A	A E	E	E	E		
Erbsen	2 Monate nach Aussaat				A	A	A E	E	E				
Feldsalat	2 Monate nach Aussaat	E	E	E					A	A	E	E	E
Karotten, Möhren	3 Monate nach Aussaat				A	A	A	A E	E	E	E		
Kartoffeln	3 Monate nach Setzen				P	P	P	E	E	E	E		
Knollenfenchel	2–3 Monate nach Aussaat						A	A		E	E		
Kohlrabi	2 Monate nach Pflanzung			A P	A P	A P E	A P E	E	E	E			
Mangold	10 Wochen nach Aussaat				A	A	A	A E	E	E	E	E	
Paprika, Chili	5 Monate nach Aussaat		A	A	A				E	E	E		
Pastinake	5–6 Monate nach Aussaat	E	E	E	A	A	A				E	E	E
Pflück- und Schnittsalat	3 Wochen nach Aussaat				A	A E	A E	A E	E	E	E	E	
Radieschen	3–4 Wochen nach Aussaat				A	A E	A E	A E	A E	E	E	E	
Rauke, Rucola	4–6 Wochen nach Aussaat				A	A E	A E	A E	E	E	E	E	
Rote Bete	3 Monate nach Aussaat				A	A	A		E	E	E	E	
Sellerie	2–3 Monate nach Pflanzung						P	P		E	E	E	E
Spinat	2 Monate nach Aussaat	A	A	E	E				A	A	E	E	
Tomaten	3 Monate nach Pflanzung					P	P		E	E	E	E	
Zucchini	2–3 Monate nach Aussaat					A	A		E	E	E	E	

Blüten für die Vase

Sind Früchte die köstlichsten „Produkte" der Pflanzen, so sind Blüten die schönsten. Mit einer großen Vielfalt an Blumen, die von Frühjahr bis in den Winter hinein blühen, machst du dir selbst, den Pflanzen und den heimischen Tieren eine Freude.

Tatsächlich sind Blüten ursprünglich überhaupt nicht dafür geschaffen, uns zu erfreuen. Denn für die Pflanzen sind sie pures Mittel zum Zweck, reine Funktionsorgane im Dienst der Fortpflanzung und Vermehrung. Damit zeigen Blüten aber auch deutlich, wie wunderschön und gleichzeitig perfekt funktionierend in der Natur „Dinge" geschaffen werden für das alltägliche Leben: Vielleicht magst du auch beim täglichen Gang durch Garten und Natur diese Schönheit der Geschöpfe dankbar würdigen. Ganz nebenbei schärfst du dabei deine Wahrnehmung für die Pflanzen und stärkst deinen grünen Daumen: Denn je öfter du unter den Pflanzen verweilst, umso mehr bekommst du mit, wie es ihnen geht, was sie brauchen und was nicht. Gleichzeitig erfüllen die herrlich bunten und manchmal sogar duftenden Blüten uns mit Glück und Freude. Nutze dieses Geschenk der Pflanzen für dich in einem schönen Blumengarten.

DUFTENDE BLÜTEN FÜR DRAUSSEN ...

Da sich bei Sträuchern die Blüten auf der Höhe unserer Nasen befinden, erreicht uns ihr Duft ganz besonders. Darum wachsen rund um einen Ruhe- und Sitzplatz oder dort, wo du tagtäglich vorbeigehst, duftende Sträucher wie Flieder, Gewürzstrauch, Geißblatt, Jasmin, Schwarzer Holunder und Schneeball. Stars unter den Duftsträuchern sind die Rosen: Wildrosen verströmen zarte Düfte – viel intensiver duften jedoch die prächtigen Blüten Englischer, Historischer und Damaszener-Rosen, die du in vielerlei Wuchsformen (von Bodendecker bis kletternd) und Blütenfarben in deinen Garten bringen kannst, vorausgesetzt, er bietet den Rosen sonnige Plätze mit mindestens 5 Stunden täglicher Besonnung auf durchlässigem, aber gut beschattetem Boden.

... UND FÜR DRINNEN

Im Stauden- und Sommerblumenbeet gehören Bart-Nelken, Diptam, Duftsteinrich, Goldlack, Indianernessel, Lavendel, Levkojen, Phlox, Resede, Schleifenblumen und Wicken zu den duftenden Vertretern, die du auch für die Vase schneiden und so den Duft ins Haus bringen kannst. Am Fuß von Sträuchern und im Schatten der Gehölze duften Duft-Veilchen und Maiglöckchen.

Essbarer und duftender Blumenstrauß aus Kräutern

ETHYLEN UND BLÜTEN

Ethylen ist eine der Substanzen, die reifende Pflanzen verströmen – am bekanntesten sind sie bei reifen Äpfeln. Ethylen hat verschiedene Wirkungen: Als Reifungshormon lässt es grüne Tomaten reif werden, hemmt aber die Bildung von Blüten bei den meisten Pflanzen. Darum solltest du keine Äpfel in der Umgebung von Blühpflanzen lagern. Nur *Citrus*-Bäumchen regt Ethylen zum Blühen an.

Zudem wirkt Ethylen wie ein leichtes Narkosemittel. Pflanzen verströmen es, wenn sie verletzt wurden. Um Verletzungen durch Schnittmaßnahmen an Bäumen und Büschen, aber auch beim Abschneiden von Blumen für die Vase oder beim Ernten von Kräutern „erträglicher" zu machen, kannst du zuvor ein paar reife Äpfel unter die jeweiligen Pflanzen legen.

Aromatherapie im Garten

Pflanzen wirken auf unser Herz, unsere Seele und unseren Geist – hole dir Pflanzen mit den passenden Wirkungen für dich in deinen Garten und halte dich oft in ihrem Umfeld auf.

AROMAPFLANZEN IM GARTEN

Wirkungen von A bis Z	Duftpflanzen
anregend	Oregano, Ysop
beruhigend, aufhellend	Zitronen-Melisse
beruhigend, das Herz stärkend	Johanniskraut
beruhigend, schlaffördernd	Lavendel, Baldrian, Hopfen
entspannend	Dill
Gedächtnis wird verbessert	Koriander
harmonisierend, beruhigend	Duftrosen
macht einen klaren Kopf	Pfefferminze, Wacholder
Kreativität wird angeregt	Deutsche Schwertlilie, Iris
macht munter	Rosmarin
stimmungsaufhellend	Estragon, Ginster, Jasmin

Glossar

Ätherische Öle sind duftende Substanzen, beispielsweise Alkohole, Ester, Ketone und ähnliche Verbindungen, die in Blättern und Blüten synthetisiert werden, um Schädlinge abzuwehren oder Blütenbestäuber anzulocken. Sie verdunsten rasch und, anders als ölhaltige Verbindungen, vollständig.

Ausläufer sind ober- oder unterirdische Seitensprosse, die von manchen Pflanzen wie den Erdbeeren gebildet werden. Mit ihrer Hilfe können sich Pflanzen ausbreiten.

Aussaat ist das Aussäen von Samen einer Pflanze auf ein geeignetes Substrat in einer Aussaatschale oder direkt im Beet.

Befruchtung ist das Verschmelzen von einem männlichen Pollenkorn mit einer weiblichen Eizelle bei der geschlechtlichen (generativen) Vermehrung. Sie findet in der weiblichen Blüte statt. Erst dann können sich aus jeder befruchteten Eizelle Samen bilden.

Bestäubung ist das Übertragen von männlichem Pollen auf die empfangsbereite Narbe der weiblichen Blüte. Erst dadurch ist eine Befruchtung möglich. Der Pollen wird bei uns durch den Wind oder Insekten wie Bienen, Schmetterlinge, Käfer, Fliegen, Wespen und andere von Blüte zu Blüte transportiert.

Ethylen ist eine gasförmige organische Verbindung, die reifende Äpfel, Birnen und andere Früchte verströmen. Dieses Phytohormon bewirkt als Reifegas die Reifung von Früchten.

Falllaub werden die vor allem im Herbst herabfallenden Blätter von Laubgehölzen genannt.

Fruchtfolge meint den zeitlich aufeinanderfolgenden Anbau von Gemüse und anderen Kulturen auf ein- und derselben Beetfläche.

Gründüngung ist die gezielte Aussaat von meist einjährigen Pflanzen wie verschiedenen Kleearten, Wicken, Bienenfreund *(Phacelia)* oder Pflanzenmischungen, die den Boden verbessern. Gründüngungspflanzen werden nicht geerntet, sondern bedecken nach der Reife als Mulch den Boden oder werden untergepflügt.

Halbschatten herrscht an Standorten wie etwa am Waldrand, die nicht den ganzen Tag von der Sonne beschienen werden, sondern am Morgen, Mittag oder Abend im Schatten liegen.

Humus besteht aus den zersetzten organischen Bestandteilen im Boden; sie machen den Boden humos.

Keimung bezeichnet „die Geburt" des Pflanzenembryos, bei der aus dem Samen die Keimwurzel und der Trieb mit den Keimblättern des Keimlings erscheinen.

Kompost bezeichnet den durch Verrottung von Küchen- und Gartenabfällen, Bioabfall und Grünschnitt auf Komposthaufen oder -miete erhaltenen organischen Dünger, den jeder in seinem Garten und sogar auf dem Balkon selbst herstellen kann. Da er der Ernährung der Bodenorganismen dient, gilt er als natürlicher Dünger.

Mikroorganismen sind mikroskopisch kleine Lebewesen, zu denen Bakterien, Pilze, Algen und Protozoen gehören. Bodenbürtige Mikroorganismen stellen ein wichtiges Ökosystem im Boden dar.

Mischkultur bedeutet – im Gegensatz zur Monokultur – der Anbau von verschiedenen, sich gegenseitig begünstigenden Nutzpflanzen auf derselben Fläche.

Mulchen ist das Bedecken von offenen Bodenstellen mit unverrotteten organischen Mulchmaterialien, um den Boden zu schützen und dessen Fruchtbarkeit zu erhalten. Vorbild für das Mulchen ist die natürliche Bedeckung des Bodens mit Falllaub.

Mykorrhiza wird die Symbiose von einem Pilz mit einer Pflanze genannt. Dabei gehen das Pilzmyzel und die Pflanzenwurzeln eine innige Verbindung miteinander ein, über die Wasser und Nährstoffe ausgetauscht werden und zwischenpflanzliche Kommunikation stattfindet. Nicht nur Bäume, sondern fast alle Pflanzen gehen eine solche Symbiose ein.

Myzel oder Pilzgeflecht werden die fadenförmigen Hyphen der Pilze genannt, mit denen sie das Substrat (Erdboden, Holz und anderes) durchziehen. Das Myzel ist der eigentliche Pilz, während die als Pilze bezeichneten Teile nur die temporär gebildeten Fruchtkörper sind, mit denen sich die Pilze vermehren.

Pathogen bedeutet, die Möglichkeit Erkrankungen hervorzurufen.

Pflanzenschutzmittel ist ein stark verharmlosender Begriff für verschiedene, oft hochgiftige Substanzen, die eingesetzt werden, um Unerwünschtes abzutöten: Insektizide wie Neonikotinoide töten Insekten ab, Herbizide wie Glyphosat töten Pflanzen ("Unkraut") ab und Herbizide töten Pilze ab. Viele dieser Gifte wirken nicht gezielt, sondern töten eine große Bandbreite von Organismen ab. Darüberhinaus zeigen sie ihre giftige Wirkung auch beim Menschen.

Phänologischer Kalender zeigt Entwicklungserscheinungen in der Natur wie Blühbeginn oder Fruchtreife bestimmter Pflanzen, die im Jahreslauf periodisch und in Abhängigkeit mit dem Wetterverlauf immer wiederkehren.

Spaltöffnungen oder Stomata sind Poren in der obersten Schicht der Pflanzen (Epidermis), mit denen sie den Austausch von Sauerstoff, Kohlenstoffdioxid und Wasser bei der Transpiration mit der umgebenden Luft regulieren. Dazu können diese Poren gezielt geöffnet und geschlossen werden.

Standortgerecht ist eine Art von Gärtnern, bei der jede Pflanze im Garten in Bezug auf Licht-, Wasser-, Nährstoff- und andere Verhältnisse an dem Platz wachsen darf, der ihren natürlichen Bedürfnissen entspricht. Dabei gleicht demnach der Standort im Garten dem Platz, an dem die entsprechende Pflanze in der Natur vorkommen würde.

Vegetationsperiode ist der Zeitraum im Jahreslauf, in dem Pflanzen aktiv sind und keimen, sich entfalten, blühen und Samen bilden. Bei uns umfasst dies meist den Zeitraum zwischen Frühling und Herbst. Im Winter legen die Pflanzen eine Ruhepause ein, die sogenannte Vegetationsruhe.

Wurzelknöllchen sind knöllchenförmige Bildungen an den Wurzeln verschiedener Leguminosen (Lupinen, Klee, Erbsen und viele andere), in denen Knöllchenbakterien (Rhizobien) siedeln. Dank der Tätigkeit dieser Bakterien sind diese Pflanzen befähigt, molekularen Stickstoff aus der Luft zu binden und im Boden als natürlichen "Dünger" anzureichern.

Service

ZUM WEITERLESEN

Daniel Chamovitz: **Was Pflanzen wissen** – Wie sie hören, schmecken und sich erinnern, Goldmann

Emanuele Coccia: **Die Wurzeln der Welt** – eine Philosophie der Pflanzen, Carl Hanser

Florianne Koechlin: **Schwatzhafte Tomate, wehrhafter Tabak** – Pflanzen neu entdeckt, Lenos

Stefano Mancuso: **Pflanzenrevolution** – Wie die Pflanzen unsere Zukunft erfinden, Antje Kunstmann

Stefano Mancuso, Alessandra Viola: **Die Intelligenz der Pflanzen**, Antje Kunstmann

Bärbel Oftring: **Bist du noch zu retten?** Pflanzenkrankheiten & schädliche Insekten erkennen und das Richtige tun, Kosmos

Bärbel Oftring: **Im Garten ist es niemals still.** Wer die Sprache der Pflanzen versteht, gärtnert erfolgreicher, Kosmos

Bärbel Oftring: **Mach mich locker!** Wer den Boden kennt, gärtnert erfolgreich & nachhaltig, Kosmos

Bärbel Oftring: **Matsch & Möhren.** Mit Kindern den Garten entdecken, Kosmos

Margot Spohn: **Was blüht denn da?** Kosmos-Naturführer. Das Original, Kosmos

HILFREICHE ADRESSEN

www.dgg1822.de
Die Deutsche Gartenbau-Gesellschaft 1822 e.V. (DGG) fördert die Gartenkultur durch Fachinformationen, Publikationen, Vorträge, Ausstellungen.

www.gartenakademien.de
Beratung und Informationen für den umweltschonenden Freizeitgarten in acht Bundesländern

www.kompost.de
Bundesgütegemeinschaft Kompost e.V.

www.natur-im-vww.de
Verband deutscher Wildsamen- und Wildpflanzenproduzenten

www.naturgarten.org
Der Verein für naturnahe Garten- und Landschaftsgestaltung (NaturGarten e.V.) fördert und bewahrt Artenvielfalt. Forum, Hotline, Literaturtipps.

www.saatgutkampagne.org/diverse_boersen.html
Saatgut-Tausch in der Nachbarschaft

www.tausende-gaerten.de
Grüne Oasen, einheimische Tiere und Pflanzen

BEZUGSQUELLEN

Bodenanalyse, Bodenuntersuchung

In Gartenfach- und Raiffeisenmärkten erhalten Sie Analysesets für Bodentests verschiedener Anbieter, die Sie an die angegebenen Bodenlabore einsenden. Die Adressen privater Bodenuntersuchungsinstitute sowie landwirtschaftlicher Untersuchungsanstalten finden Sie im Internet.

Pflanzen & Saatgut

www.biogartenversand.de
www.gaertnerei-strickler.de
www.bingenheimersaatgut.de
www.gaissmayer.de
www.samen-maier.at (liefert in die gesamte EU)
www.sativa-rheinau.ch

„Musikalischer" Wein

Garagenwinzer Andreas Nikolai
www.garagenwinzer.at

REGISTER

Acker-Schachtelhalm 30
Akelei 27
Akeleiblättrige Wiesenraute 27
Alchemilla vulgaris 27
Anemone nemorosa 27
Anthemis tinctoria 25
Aquilegia vulgaris 27
Aruncus dioicus 27
Aster 70
Astrantia major 27
Aussäen 36 f.

Bach-Nelkenwurz 70
Bedürfnisse, Pflanzen 22
Beifuß 70
Berberitze 69
Bergminze 25
Bestäubung 23, 44 f.
Bienen 45
Biotop 21
Blattläuse 90
Blauregen 28
Blaustern, Zweiblättriger 27
Blumenordnung 16 f.
Blumensprache 44
Boden 58 f.
Bodenorganismen 56
Bohnen 29
Braunfäule 93
Breit-Wegerich 30
Brennnessel 30 f.
Brombeere 29, 69
Busch-Windröschen 27

***C**alamintha* 25
Campanula 25, 27
Centaurea montana 25
Chemorezeptoren 13 f., 54
Clematis 28

Doldenblütler 17
Dornige Hauhechel 70

Duftwicke 28
Düngen 56 f.

***E**chium vulgare* 25
Echter Mehltau 92 f.
Efeu 29
Ehrenpreis 24 f.
Eisenkraut 23
Engerlinge 90
Erbsen 28
Erdbeeren 10
Ernte 94 ff.
Esparsette, Saat- 70
Ethylen 14 f.
Exsudate 14

Färber-Hundskamille 25, 70
Faulbaum 69
Felsenbirne 69
Flockenblume 24 f., 70
Fotosynthese 12, 49
Franzosenkraut 30
Frauenmantel 27
Fressfeinde 68
Fruchtfäule 92
Fruchtfolge 72 ff.
Frühblüher 26
Frühlings-Hungerblümchen 30
Frühlings-Platterbse 27

Gamander, Berg- 70
Gänseblümchen 8
Gänse-Fingerkraut 30
Gänsefuß, Weißer 30
Gartenarbeiten 63
Gartenplanung 18 ff.
Geißblatt 28, 69
Geranium 25 f.
Gestresste Pflanzen 85
Giersch 30 f.
Gießen 50 f.
Gipskraut, Kriechendes 70
Glockenblume 25, 27, 70

Glockenrebe 28
Grauschimmel 92 f.
Grundbedürfnisse 9
Gründüngungspflanzen 58 f.
Gurke 8, 28

Haftwurzelkletterer 29
Hahnenfuß 17, 30
Hartriegel, Roter 69
Hasel 69
Hauhechel, Dornige 70
Heckenkirsche 69
Heidelbeere 69
Helianthemum nummularium 25
Helleborus foetidus 27
Herbizide 40
Hibiskus 38
Himbeere 69
Holunder, Schwarzer 69
Hortensie, Kletter- 29
Hundskamille, Färber- 25, 70
Hundsrose 69
Hungerblümchen, Frühlings- 30

Immergrün, Kleines 27
Insekten 23, 44 f.

Käfer 45
Kalium 55
Kalzium 55
Kapuzinerkresse 28
Kartäuser-Nelke 25, 70
Katzenminze 70
Klatsch-Mohn 30 f.
Kletterpflanzen 28 ff.
Knöterich, Schling- 28
Kohlhernie 16
Kommunikation 10 ff.
Kompost 55 f.
Königskerze 25, 30, 70
Korbblütler 17

Kornelkirsche 69
Krankheiten 88 ff.
Krautfäule 93
Kreuzblütler 16 f.
Kriechender Hahnenfuß 30
Kriechendes Gipskraut 70

Labkraut, Echtes 70
Lärmbelästigung 42 f.
Lathyrus vernus 27
Lauch, Berg- 70
Lebensraum, Pflanzen 22
Lenzrose 23
Licht 52 f.
Lichtnelke 30, 70
Lichtrezeptoren 12
Lichtsinn 12
Liguster 69
Lippenblütler 17
Löwenzahn 30
Luft 52 f.
Lungenkraut, Geflecktes 27

Mädesüß, Echtes 70
Magnesium 55
Malve 70
Margerite 70
Mauerpfeffer, Scharfer 24, 70
Mechanosensitive Zellkanäle 42
Mehltau, Echter 92 f.
Melde 30
Mikroorganismen 14
Mineralstoffe 54 f.
Minze 66
Mischkultur 72 ff.
Mittelzehrer 76
Mohn 30 f.
Möhre, Wilde 70
Mondviole 70
Musik 43, 96 f.
Mykorrhizapilze 78 ff.

Nachtfalter 45
Nacktschnecken 90
Natternkopf 24 f., 70
Nelke 24 f., 70
Nelkenwurz, Bach- 70
Nieswurz, Stinkende 27, 70

Ochsenzunge, Echte 70
Odermennig, Kleiner 70
Organischer Dünger 55 f.

Passionsblume 28
Pfaffenhütchen 69
Pflanzabstand 40 f.
Pflanzen streicheln 60 f.
Pflanzenbedürfnisse 22
Pflanzenkauf 38 f.
Pflanzenpflege 46 ff.
Pflanzenschnitt 62 f.
Pflanzenfreunde 69 f.
Pflanzenkrankheiten 88 ff.
Pflanzenmerkmale 16 f.
Pflanzennachbarn 66 ff.
Pflanzentransport 39
Phänologischer Kalender 62 f.
Phonotropismus 12
Phosphor 55
Phytochromen 52
Phytohormon 14 f.
Pikieren 36 f.
Pilze 78 ff.
Planung, Garten 18 ff.
Platterbse 27 f.
Polygonatum multiflorum 27
Prunkwinde 28 f.
Pulmonaria officinalis 27

Quecke, Kriech- 30

Rankpflanzen 28 ff.
Raupen 90
Regenwasser 51
Riechen 13 f.

Rose 69
Ruprechtskraut 26

Saat-Esparsette 70
Saatgut 35
Salbei 25, 70
Salomonssiegel, Vielblütiges 27
Sal-Weide 69
Sand-Thymian 25
Schachtelhalm, Acker- 30
Schädlinge 88 ff.
Schafgarbe, Wiesen- 30, 70
Schall, Töne 12, 42
Scharfer Mauerpfeffer 24, 70
Schattig-kühle Standorte 26 f.
Schaumkraut, Wiesen- 70
Schlingpflanzen 28 f.
Schlüsselblume, Wiesen- 70
Schmecken 13 f.
Schmetterlingsblütler 17
Schneeball, Gemeiner 69
Schöllkraut 30 f.
Schwachzehrer 76
Schwarzäugige Susanne 28
Schwarzer Holunder 69
Schwarznessel 23
Schwebfliegen 45
Schwefel 55
Schwertlilie, Sibirische 70
Scilla bifolia 27
Sehen 12
Seidelbast 69
Sinne 12 f.
Sonnenröschen 25, 70
Spreizklimmer 29
Standorte 24 ff.
Starkzehrer 76 f.
Stauden 70
Stechpalme 69
Steinbrech-Felsennelke 25
Steinklee, Echter 70
Steinquendel 25
Sterndolde 27

SERVICE

Stickstoff 55
Stinkende Nieswurz 27, 70
Storchschnabel 25 f., 70
Stress 42 f.
Studentenblume 68

Tagetes 68
Tagfalter 45
Tasten 13
Taubnessel 30
Teufelsabbiss 70
Thalictrum aquilegifolium 27
Thymian 24 f., 70
Traubenkirsche 69
Trichterwinde 28
Trollblume 70
Trompetenblume 29

Verbascum densiflorum 25
Verbena 23
Vereinzeln 36 f.
Veronica spicata 24 f.
Vielblütiges Salomonssiegel 27
Vinca minor 27
VOCs 15
Vogelmiere 30 f.

Wald-Geißbart 27, 69
Waldrebe 69
Wald-Storchschnabel 26
Walnuss, Echte 66
Wasserdost 70
Wegerich, Breit- 30
Wegwarte 70
Weide, Sal- 69

Weinreben 28
Weinrose 69
Weißdorn 69
Weißer Gänsefuß 30
Wicken 28
Wiesenknopf, Kleiner 30, 70
Wiesenraute, Akeleiblättrige 27
Wiesen-Schaumkraut 70
Wilde Möhre 70
Wildkräuter 40
Wildpflanzen 30 f.
Wildrosen 69
Winterjasmin 29
Wundklee 70

Zaunwinde 30
Zweiblättriger Blaustern 27

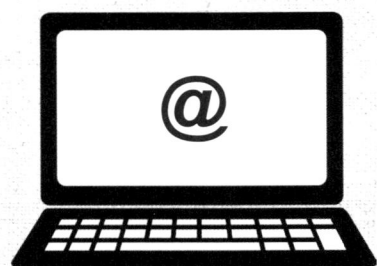

Ihre Themen
—— Unser Newsletter

Sie möchten regelmäßig aktuelle Neuigkeiten, Informationen und Angebote zum Thema Garten erhalten?

Fundiert recherchiert — Wissen aus der Praxis
Alles Wichtige auf einen Blick

Dann melden Sie sich jetzt für unseren Newsletter an.

www.kosmos.de/newsletter

BILDNACHWEIS

Mit 121 Farbfotos von
Otmar Diez, Sulzthal: 16, 51 o.li., 51 Mi., 57;
Flora Press: /Bildagentur Beck: 3 o.re.; /BIOSPHOTO: Innenklappe 1; Innenklappe 3, 14 u., 38 re., 45 Mi. li., 77, 91 u., 97 o., 100 u.; /Botanical Images: 26 u.; /Daniela Kunze: 87 Mi.li.; /Edition Phönix: 59 re.; /Flowerphotos: 30, 44; /FocusOnGarden/Luckner: 79 o., 84; /FocusOnGarden/Sibylle Pietrek: 40; /FocusOnGarden/Ursel Borstell: 41 o., 97 u.; /gartenfoto.at: 59 o.,89 o.; /GWI: 20 u., 75 Mi.; /Helga Noack: 41 u.; /Hilde Frey: 103; /Julia Pfeifer: 31 u.li.; /Karin Goldbach: 18/19; /Lilianna Sokolowska: 23 re.; /Liz Eddison: 56 o.; /Magdalena Wasiczek: 43 Mi. re.; /Meyer-Rebentisch: 112; /Otmar Diez: 61 li., 75 u., 93 u.li.; /Royal Horticultural: 81; /Thomas Lohrer: 14 o., 69, 86; /Ute Klaphake: 59 Mi.li., 64/65; /Visions:100 o.; /Warren Photographic: 89 u.;
GAP Photos: 15, 21, 37 (alle vier), 46/47; /Anna Omiotek-Tott: 70; /Ernie Janes: 38 li.; /Howard Rice: 23 li., 55 o.re.; /Jerry Pavia: 24 o.re.; /Jonathan Buckley: 71; /Robert Mabic: 24 o.li.; /Sarah Cuttle: 32/33; /Stephen Studd: 39; /Thomas Alamy: 87 o.re.; /Graham Strong: 99 re.; /Richard Bloom: 20 o.; /Zara Napier: 61 re.;
mauritius images: Alamy/content_dealer: 80; /Alamy/Joel Douillet: 45 u.; /Alamy/Ken Gillespie: 43 re.; /Alamy/Nigel Cattlin: 87 o.li.; /imageBROKER: 91 o.; /pa/Patrick Pleul: 3 li.; /Westend61/Nabiha Dahhan: 73 Mi.re.; /Alamy/Mirian M. Meera: 75 o.;
shutterstock: Art Svetlana: 29 o.re.; /aRTI01: 93 o.li.; /Bk87: 34 o.; /Charlotte Blejenberg: 73 o.; /Digihelion: 76; /eugenegurkov: 79 Mi.re.; /Floki: 93 o.re.; /Frezi Gate: 8 u.; /gerd-harder: 13; /Gert-Jan van Vliet: 72; /golf bress: 55 u.; /Halfpoint: 11; /halilin: 66 o.; /IanRedding: 56 Mi.; /Ihor Hvozdetskyi: 85; /Ivan Azimov 007: 4; /Kazakov Maksim: 68; /Keattikorn: 43 li.; /Khomulo Anna: 99 li.; /lantapix: 73 Mi.li.; /LeManna: 48 o.; /Manfred Ruckszio: 31 o.li., 31 re.; /martin.dlugo: 29 Mi.li.; /mehmetkrc: 82/83; /Melada photo: 66 u.; /Minko Peev: 6/7; /Monkey Business Images: 2; /nada54: 31 Mi.li.; /Nadya So: 53; /New Africa: 35; /Oleksandr Filatov: 36; /phichak: 45 re.; /Physics_joe: 56 u.; /R. Maximiliane: 24 u.; /radistaz: 62; /SeDmi: 29 o.li.; /Shulevskyy Volodymyr: 3 u.re.; /sirtravelalot: 94/95; /Soho A Studio: 10; /Stefan_Sutka: 48 u.; /sumroeng chinnapan: 34 u.; /Tikta Alik: 26 Mi.; /Tohuwabohu1976: 8 o.; /Tomasz Klejdysz: 45 o.; /topseller: 14 Mi.;
Annette Timmermann, Kalübbe: 51 re.

Mit 6 Farbzeichnungen von Kosmos/Marianne Golte Bechtle: 17 o.li., 17 o.Mi., 17 u.li., 17 u.re.; Kosmos/Sigrid Haag: 17 o.re.; Schmidt-Hackenberg, Kadie: 17 u.li.

IMPRESSUM

Umschlaggestaltung von Claudia Eder, Pocking, unter Verwendung von 2 Farbfotos von shutterstock/Tukta R Karn (Umschlagvorderseite) und shutterstock/TAVEESUK (Umschlagrückseite) sowie 7 Farbfotos in der Umschlagklappe: Flora Press/BIOSPHOTO: Innenklappe 1 und 3, Flora Press/Ute Klaphake: Innenklappe 4; privat: Außenklappe hinten; shutterstock/i-am-helen: Innenklappe 5; shutterstock/LucyOn: Außenklappe vorne; shutterstock/Singkham: Innenklappe 2;

Mit 130 Farbfotos und 6 Farbzeichnungen.

> Alle Angaben in diesem Buch sind sorgfältig geprüft und geben den neuesten Wissensstand bei der Veröffentlichung wieder. Da sich das Wissen aber laufend in rascher Folge weiterentwickelt und vergrößert, muss jeder Anwender prüfen, ob die Angaben nicht durch neuere Erkenntnisse überholt sind. Dazu muss er zum Beispiel Beipackzettel zu Dünge-, Pflanzenschutz- bzw. Pflanzenpflegemitteln lesen und genau befolgen sowie Gebrauchsanweisungen und Gesetze beachten.
> Die Blütenfarben sind sortenabhängig, daher können auch Farben auf dem Markt sein, die im Buch nicht genannt werden. Die Blütezeiten sind ebenfalls sortenabhängig, aber auch klima- und standortabhängig. Die angegebenen Wuchshöhen und -breiten der Pflanzen sind Mittelwerte. Sie können je nach Nährstoffgehalt des Bodens variieren. Verschiedene Sorten können deutlich größer oder auch kleiner wachsen als die Art.

Unser gesamtes Programm finden Sie unter **kosmos.de**.
Über Neuigkeiten informieren Sie regelmäßig unsere Newsletter, einfach anmelden unter **kosmos.de/newsletter**

Gedruckt auf chlorfrei gebleichtem Papier

© 2022, Franckh-Kosmos Verlags-GmbH & Co. KG,
Pfizerstraße 5-7, 70184 Stuttgart
Alle Rechte vorbehalten
ISBN 978-3-440-17337-4
Projektleitung: Carolin Küßner
Redaktion und Bildredaktion: Carolin Küßner
Gestaltungskonzept: GRAMISCI Editorialdesign, München
Gestaltung und Satz: Katrin Kleinschrot, Stuttgart
Produktion: Klaus Jost
Druck und Bindung: Westermann Druck Zwickau GmbH, Zwickau
Printed in Germany / Imprimé en Allemagne

Naturnah gärtnern —— mit Bärbel Oftring

160 Seiten, ca. €(D) 17,00

Welcher Gartenanfänger kennt das nicht: Jedes kleine Grün im Stauden- oder Kräuterbeet wird freudig begrüßt, aber oft fragt man sich: Was keimt denn da? Dieses Buch zeigt mit klaren Beispielfotos, wie man Jungpflanzen an der Blattform erkennt. So lernt man die lästigen von den schönen und nützlichen Sämlingen zu unterscheiden. Die Autorin zeigt, wie sich Unkraut vermeiden lässt, aber vor allem schärft sie das Auge für überraschende Entdeckungen im eigenen Garten. Denn viele Grünlinge tragen später prächtige Blüten, sind wertvoll für Boden und Tiere oder schmecken köstlich als Tee, Salat oder Gewürz. Ein ungewöhnliches, inspirierendes Buch für spannende Gartenerlebnisse mit der ganzen Familie.
Von der DGG (Deutschen Gartenbau Gesellschaft) gekürt unter die Top 5 der besten Gartenbücher 2018. Ein Topseller der Spiegel-Bestsellerliste.

Welche Pflanzen können wir in den Garten setzen, damit Vögel, Insekten und Amphibien kommen und bleiben? Wie sieht das Rundum-Wohlfühlpaket für Wildbiene oder Igel aus? Dieses Buch macht die tierfreundliche Gartengestaltung einfach wie nie zuvor. Steckbriefe stellen das Tier und seine Lieblingspflanze vor. Nützliche Nebenpflanzen sowie notwendige Gartenstrukturen wie Hecken oder Kompost runden das Infopaket ab. So genügt ein Blick, um zu wissen, welche Pflanzen eine Tierart für Nahrung, Aufzucht und Schutz braucht. Ein moderner Ratgeber für praktischen Tierschutz im Zier- und Nutzgarten.

144 Seiten, ca. €(D) 18,00

kosmos.de